なんとなく終わる人生を
輝く人生へ

ワクワクを探して

Let'sお墓参り

藤原 巧
&
お墓参り委員会
監修　勝 桂子

まえがき

私たちが本書を出版しようと考えた一番の理由は、皆さんが墓じまいをしようと思われたときに、皆さんの人生をパワーアップしてくれるお墓参りの価値を、ぜひ今一度考えていただきたかったからです。もう一つの具体的な理由は、お墓に関する正しい情報を皆さんに知っていただき、いいお墓（納骨場所）を見つけてほしいということです。

お墓について考えるにあたり、私たちはまず死について考えました。そして、次に生きるとは何かを考えてみました。すると、お寺や葬儀のことも考えなければならないということに気づきました。つまり、どう生きれば死を迎えたときに後悔しないのだろうか？お寺とどう接していけばよいのだろうか？　葬儀をなぜするのだろうか？　供養は誰のためにするのだろうか？　こうしたことについて私たちなりの結論が出ましたので、この場を借りて報告していきたいと思います。

私たち、お墓参り委員会の面々は、集まるとよく次のような話をします。「地方には、まだまだ先祖や先祖が大事にしてきた自然環境を崇拝する心が残っている、そのため、人間の力ではいかんともしがたい災害が起きた場合でも、抗いようのない自然の猛威にひれ伏し、受け入れていく寛容な心が残っている、だから、暴動やパニックが起こりにくいのではないか」と。

最近は、これまでの経験からは予測できないほどの地震や大雨による大規模な被害が起きています。今のところ、コミュニティーの力がまだ強く残っている地方で起きているので、暴動やパニックなどは起きてはいませんが、このような大災害が東京などの大都市部を襲った場合には、コミュニティーの力をもたない孤立した人々が、押し合いへしあい逃げ惑う恐れがあり、大パニックが起こることも予想されます。

私たちは、生まれてから死ぬまでの80年あまりのうちに、さまざまなことを体験します。多くの場合、生まれ落ちた瞬間、周囲には両親や取り上げてくれた医師や助産師さんがいます。そして、家族という社会がすぐにあなたを迎え入れてくれます。

その家族のほとんどは、以前は朝起きるとまずお仏壇に向かい、お灯明をあげて拝んでいたものです。おそらく30年ほど前までは都市部でも、仏壇を拝む人が半数程度はいたのではないでしょうか。地方都市であれば、大半の人がそうしていました。そして、お盆やお彼岸、年末年始や祥月命日にお墓に参るのも当たり前のことでした。

今でも当然そのようになさっている方はいらっしゃると思いますが、日本が高度経済成長を遂げていくなかで、お仏壇を置くことができない集合住宅などに住む人が増え、拝む人も稀になりました。１９９０年代後半のデフレ期に入ってからは、暮らしに余裕もなくなり、回忌法要のお布施をお寺へ納めることにも苦労する人が出てきました。そんな社会背景とともに、目に見えないもの、人間の力が及ばない大自然などに対する畏敬の念や感謝の心が少なくなっているように感じるのですが、いかがでしょうか？

先日のお墓参り委員会でこんな話が出ました。

「人智の及ばないものへの畏敬や感謝の念が減るとともに、売上げさえあがればいいという発想がまかり通り、偽装事件やデータ改ざんが増えたよね」

「満員電車で、乗れないでいる人が見えているのに、奥のすいているほうへ詰めることをせず、自分がスマートフォンを広げるスペースを確保するために踏ん張っている人が増えた気がする」

「終活している人のなかに、悲愴な顔をしてお金の心配ばかりしている人が増えたよね。50年前は、預金が１００万円もなくても、誰も心配なんかしていなかったのに」

「日本は実際、半世紀前よりも豊かになっているのだろうか。預金は増えたけれど、心は貧しくなっているのではないだろうか」等々。

現在、巷には新しい供養の形態がいろいろと出てきています。しかし、それらの目新しい方法や商品は、私たちの考えや思いを本当に叶えてくれるものなのでしょうか？　お墓やご供養グッズの開発に何かが欠けているのではないでしょうか？　私たちはそう考えて、この本の企画にとりかかりました。

私たち日本人の心が、かつてのように慈悲深く、「お互いさま」と言える豊かさを取り戻していくためには、「人智を超えた何かにひれ伏す」という思いを感じさせる供養のかたちが実現されなければなりません。

このひれ伏す思いの楽しさを知っていただけると、お金に困らなくなります。こじつけと思われるかもしれませんが、実際、お墓参りを代々欠かさないご一家には、豊かな人々が多いのです。

この本を手にとってくださった皆さまにも、ぜひ畏敬の念をもってお墓に参ることの楽しさを知っていただき、幸運で楽しい人生を送っていただけたらと祈念いたします。

藤原　巧
お墓参り委員会

目次

第2章 生きるとはどういうことか　49

第3章　お墓と葬儀とお寺　67

第6章 日本人の「拝む」という文化 147

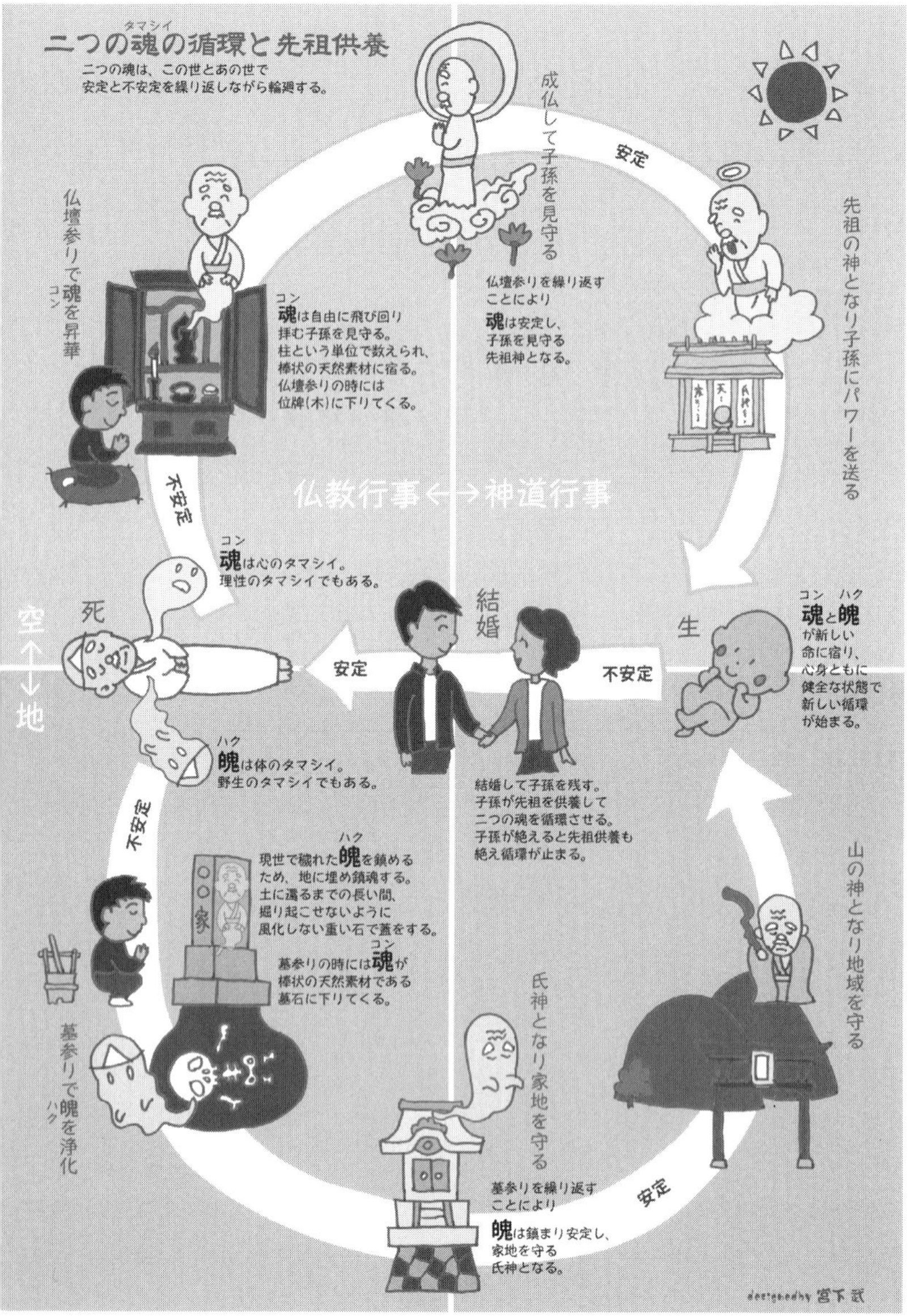

人の魂は死ぬと「魂《こん》」と「魄《はく》」に分かれる（84P 参照）

第１章

人は死んだら終わりか

人は死んだら、それで終わりでしょうか。「魂は残るはずだ」と思う方がいらっしゃるかもしれません。「無に帰する」と考える方がいらっしゃるかもしれません。しかし、確実に言えることは、たとえ身内や親しい人が死んだとしても、「その人たちは私たちの心のなかに生きている」ということです。そういう思いがある限り、人は死んでも決して終わりではないのだと思います。私たちは、どんなときに「人は死んでも終わりではない」と思うのでしょうか。

1．大震災で気づいたこと

無私の行為：　3・11の東日本大震災で、甚大な被害を受け、多くの方が亡くなりました。一瞬で命を奪われた方もいらっしゃいます。未だに行方不明の方も多くいらっしゃいます。その一方で、運よく助かった方もいらっしゃいました。

東日本大震災では悲喜こもごも、さまざまなドラマがありましたが、私の記憶に一番強く残っているのは、役場の女性が、津波が押し寄せて来ているにもかかわらず、住民に避難を呼びかけ、放送し続けたことです。その女性は、10か月前に結婚したばかりで、まだ結婚式すら挙げていない状況でした。普通なら、というか自分本位な人ならば、早々と持ち場を離れ、避難していたことでしょう。にもかかわらず、最後の最後まで持ち場を離れずに放送し続けました。そのお陰で多くの方が助かりましたが、この女性ご自身は亡くなりました。自分の命を顧みず、他の人たちが逃げるのを支援したのです。私はこの女性の無私の行為に、映画『タイタニック』で、船が沈む寸前まで演奏をし続けていた楽団の様子を思い出し、涙があふれました。

話は少しずれるかもしれませんが、もう一つ感動したのは、地震の直後に行われた選抜高校野球で、創部1年目で1年生ばかりのチームだった創志高校のキャプテンが行った選手宣誓でした。それは、これまでの叩きつけるような、ファイトむき出しの選手宣誓ではなく、震災を受けた人たちを優しく労わり、励ますという異例の内容だったのです。自分たちは阪神・淡路大震災の年に生まれたと語り始め、今回の東日本大震災の犠牲者を深く思いやるとともに、「仲間」と共に苦難を乗り越えようと呼びかけました。そして、「生かされている命に感謝する」と、宣誓したのです。この選手宣誓は多くの人に勇気を与え、感動をもたらしました。被災の当事者ではないけれど、他の人の身に起こった事象を「わがこと」のように感じとって、自分たちができることをしようと言葉に表したこの宣誓は、歴史に残る名文句だと思います。

助け合いの精神： 私たちが震災の後に石巻市にお邪魔したときに伺った話があります。小学生の兄弟が一緒に逃げていて津波に巻き込まれました。そのとき兄は弟の手を離さないように、左手で一生懸命握り締めていたそうです。ところが、兄の右手が屋根のひさしに引っかかったので力いっぱいひさしをつかもうとしたところ、無意識に左手の力が緩んで弟の手が離れてしまい、弟は流されてしまったのだそうです。兄は他の人に助けられたのですが、弟は3日後に遺体で発見されました。兄は自分の左手が緩んだため弟が流されたことを悔やんで、自分が代わりに流されたほうがよかったと言って泣く日が続いたそうです。

しかし復興が進んでいくなかで、弟の遺骨をお墓に収めたことから気持ちの整理がついたようで、徐々に立ち直りつつあるそうです。震災では、このような話がたくさんあったと聞きますが、これらの話から、自分の命は自分ひとりだけで成り立っているものではなく、多くの人に支えられ、見守られているのだと強く思いました。

このように東日本大震災では、自分のことだけでなく、他人を思いやる、自分のことを顧みずに人に尽くす、仲間意識で助け合う、そういう人がたくさんいたということです。あの震災のあと、コンビニエンスストアの棚に商品を戻していく日本人の姿が世界中から称賛されたことをご記憶の方もいるでしょう。われわれ日本人のDNAには、わがことを置いても集団のために尽くすという気持ちが、今もあるはずなのです。

このような「思いやる」、「尽くす」、「助けあう」心は、私たちが先祖から受け継いできた日本人のアイデンティティーだったように思います。そして地方には、このような日本人のアイデンティティーがまだ色濃く残っていて、自然を受けとめる力があるということを強く意識させられたのが、東日本大震災だったように感じます。

2.「人と人との絆」とは何か

他人を思いやる心：　東日本大震災では「絆」という言葉が流行語のように取りあげられました。事実、このとき発揮された日本人の「他人を思いやる心」や「助け合いの心」は世界に驚きと感動を与えました。

多数の消防隊員、警察官、自衛隊員が救助活動で亡くなりましたが、そのなかには地域で組織された自衛消防と呼ばれる、ボランティアの方たちもいました。私たちのグループにも、消防団活動を長年やってきた人がたくさんいます。最初は仕方なく入った人たちも、現場に行くと使命感が沸々と湧いてきて、火事場の馬鹿力ではないですが、「何とかしなければ」とアドレナリンが働いて危険を顧みずに行動していきます。つまり、地域の人たちを助けたいとの一念から、自分のことは後回しにして素晴らしい活動をするのです。

なぜ私たちが彼らの活動を素晴らしいと感じるかといえば、活動の基本となるエネルギーが、Ｉ（私）ではなく、家族、職場、地域の人たちのためにというＷＥ（私たち）という考えで行動していて、そこに「責任感」や「仲間意識」を感じ取ることができるからです。だからこそ皆の信頼を得ることができるのです。人間社会のなかで責任感をもって皆のために行動する姿は、いつの世にも美談となるものですし、歴史のなかでも長く語り継がれ賛美されてきたものです。

ところが最近、「隣接する学校の子どもの声がうるさい」とか、「家の近くに保育園ができるのは反対だ」とか、「お寺の鐘の音がうるさい」など、私たちの考えからは想像もつかないクレームが出ていることを耳にします。マスコミを賑わせているこうした現象は、

「自分らしさ」という名の「利己主義」、つまり「私」が判断基準になっていることから生じていると私たちは考えています。

よく考えてみれば、幼稚園は夜中までやっているわけではありません。お寺の鐘は町中の人に時を告げる役割を果たしていますし、除夜の鐘は年に一夜だけのことです。こうしたことに文句をつける人たちは、地域の行事や文化に関心を示さず、自己のみを優先しているのです。もし、そのような自己が闊歩する都市部で大災害が起これば、冒頭に述べたように、大パニックや暴動が起こることも容易に予想できるのではないでしょうか。

マズローの法則：　話は少し変わりますが、アメリカの心理学者アブラハム・マズローが唱えた「マズローの法則」というのがあります。これは人間の欲求を5つの段階に分けて解説したものです。それによると、第一段階は生理的欲求で、「食べたい、眠りたい、飲みたいなどの赤ちゃん段階の欲求」、第二段階は安全の欲求で、「安心安全な暮らしがしたいという欲求」、第三段階は社会的欲求（所属と愛の欲求）で、「帰属を求め、仲間を求める三歳児や幼稚園児の欲求」で、ここまでが外的に満たされたいという低次元の欲求です。第四段階は尊厳の欲求で、「認められたい、尊敬されたいという欲求」、第五段階は自己実現の欲求で、「自分の能力を引き出し、創造活動をしたいという欲求」で、高次元の欲求になります。

このマズローの法則に則れば、I（私）を基準にしている人は、第一段階の「生理的欲求」を満たすことに一生懸命になっています。WE（私たち）という観点に立って奉仕団体などに所属している人は、第三段階の「所属と愛の欲求」や第四段階の「承認の欲求（尊厳の欲求）」、そして最終的には、自分が活動することによって得られる第五段階の「自己実現の欲求」という一番高い（高尚な）ところを目指しています。「人と人との絆」は、こういう意識の高い人たちがもとになって、秩序を保った人間関係の根底を築いているのではないかと思います。

たとえば商売をするときのことを考えてみましょう。その場合、私は、たとえどれほどたくさん買ってもらえたとしても、利己的な人とは付き合いたくありません。意識の高い段階の方、品位のある方と取引をしたいのです。こうした私の生き方は、金儲けという点では、商売の幅を狭めているのかもしれません。しかし、ときには生涯の友人と呼べるような縁に発展する相手に出会えることもあるので、私は決して損をしているとは思いません。IからWEへ考え方を改めて、品位のある、人に好かれる行動をとることは、人間関係を豊かにし、私たちを充足した気分にしてくれます。かつては、日本にもそういう人たちがたくさんいたように思います。私は、そのような考えをする人たちが増えてきて、今一度この日本が潤いのある社会に戻って欲しいと願っているのです。

3．被災地に幽霊が出る

3・11の地震で多くの犠牲者を出した地域で「幽霊が出る」という話が頻繁に出たそうです。心の準備もないまま非業の死を迎えた人々が未練を残して亡くなったため、あるいは行方不明になったため、会いたいという気持ちや見つけてほしいという気持ちが魂となって出てくるのではないかと委員会の面々は話しています。

逆に生きている側の人たちの、亡くなった親しい人たちに会いたいという気持ちが霊を呼んでいるとも言われています。

ここで霊があるのかどうかを議論することは避けますが、「人は死んだら終わりか？」に対しては、「記憶に残る限り、その人とのつながりは終わりではない」ということをお伝えしたいのです。

東日本大震災ではたくさんの人が一度に亡くなりました。身内や親しい人たちを亡くされた方々にはいろんな思いが交錯し、「一目でも会いたい」という心が残存するのです。

その象徴的な例が、岩手の女性に伺った次のようなエピソードです。

「私の友人にお母さまのご遺体が未だに発見されない方がいます。その方は、年月がたとうが、ご遺体が戻ってこない限り、お母さまの死を認めたくないので、各種事務手続きは済ませたものの、死亡届は出せずにいるとおっしゃっていました。時折、お母さまの夢を見るそうですが、夢のなかでお母さまは『人工透析を受けているお父さんをよろしく頼む』と現実生活での指示をされたこともあるそうです。役所に勤めているため、勤務中に関係のない人の死亡届を見ることがありますが、そんなとき何となくお母さまが隣で見ているような錯覚を覚えたと話していました。それが苦痛で職場を離れましたが、今でも震災に携わる仕事をしています。

その方のお母さまの発見はほぼ絶望的だとは思いますが、ご遺体が戻ってこない以上、お母さまにも死んでも死に切れない何かがあるのではないかと思う、と話していました。2年前にお父さまが他界されましたが、はたしてあの世で二人は会えているのか、あるいは三途の川で『渡ろうかどうしようか』と、まだ議論しているのかもと想像してしまう、というのがその方の見解です。

私自身も沿岸で幼少期を過ごしたこともあって、まだ沿岸に近寄るのが怖いというのが正直な気持ちです。死して、火葬・葬儀をすませてさしあげれば成仏なさいますが、今回の震災のように、どう考えても亡くなっていると推測される場合でも、その方を成仏してさしあげられない限り、お互い、目に見えない不思議な力が残るのかもしれませんね」

【ちょっと一言】

このお話と同じように、震災以来いまだ親しい人と対面することができず、成仏したと思うことができずに悶々とした日々を送られている方が多くいらっしゃいます。しかし、その人のことを忘れずに、心に留めていることも大切なことで、その思いは必ず、その人にも届くことでしょう。そう考えれば、少しでも気持ちが慰められるのではないでしょうか。

4．復興作業をお手伝いして

東日本大震災： 私たちの委員会の仲間に石材関連企業の方が何人かいらっしゃいます。東日本大震災後、ある石材グループの会長さんが、石巻市の仏教会から頼まれて復興支援にいらっしゃるというので、私たち委員会の有志も何回も同行させていただきました。

実態は無残でした。石巻のある墓地は、津波で流された製紙工場の材料がお墓の上に堆積し、その上に車や船が乗っているような状態でした。一部の場所では、車から流れたガソリンに火がついて燃え上がり、お墓自体が焼けただれて石がボロボロになっていました。私たちが行った最初のころは、片づけているとご遺体が出てきて、警察を呼んで作業を中断するようなこともありました。

周囲には宿泊施設もないので、復興渋滞のなか、仙台市の近くから石巻市まで片道3時間かけて通いました。着いて復旧作業を始めると、住民の方たちから、「お骨を取り出したいので瓦礫を取り除いてほしい」、「お墓の近くに入れるように早く片づけてください」、「お金を払いますから、わが家を先にやってほしい」などと次々に言われましたが、「ボランティアなので、勝手に進めることができません」、「お金は受け取れません」とお答えするのが精いっぱいでした。

被災して住むところもなくした方々が、仮設住宅から先祖のお骨の心配をして大勢集まって来られました。片づいたあとも、骨甕に海水が溜まっていたり、甕が割れてお骨が出ていたりしているので、お骨を洗いたいなどというご要望がたくさんありました。家も車も流されてしまったけれども、「お墓だけはどうにかしたい！」という方がたくさんいらしたのです。焼け焦げたお墓や倒れてしまったお墓を建て直すことは私たちボランティアの仕事ではありませんが、多くの方から「お墓を早く建て直してほしい」と言われました。

お墓に対するこのような考え方は、東北の石巻という、まだお寺との関係が深いエリアだからだということで、私たちとは関係ないとして片づけてしまい、この方たちのお墓に対する意識から目を背けてしまってもよいのでしょうか。この方たちを動かした「死者を敬う心」は、ほんの少し前までは、われわれ日本人全員に同じように染みついていたのではないかと、私は思います。

熊本地震と倉敷の水害：　私たちはまた、熊本地震のときも復興ボランティアとして参加しました。心の拠り所としてのお墓の復興を願っている方からの要請によって、墓地の通路の復旧に赴いたものです。私たちが行くという話を伝え聞いたようで、お墓をお持ちの方が大勢見えました。ここでも先祖を大切にしたいという皆さんの意識が強く感じられました。

また倉敷市では、大雨に流されて小学校の敷地でバラバラになっていたお墓の片づけをさせていただきました。墓地の地盤ごと下の小学校へ流されていたので、そこから墓石類を引き揚げ、山積みになっていたお墓の竿石を一つずつ並べていきました。

このように復興作業に参加してみて、皆さんがお墓を、そして先祖をいかに大切にしているかを目の当たりにすると、あとで述べる「お墓を捨てろ」などという考え方は理解できません。なぜなら、私は、お墓を大事にする一族は本当に栄えるのだということを実感しているからです。

お墓参り委員会には、お墓参りのエピソードがたくさん集まってきます。なかには皆さんが名前を聞けばお分かりになるような有名企業の社長さん、会長さんのお話も多々あります。そういう方たちのお話を伺うと、お墓参りを欠かさない人は現実社会でもほんとうに成功するものだなあと感じることがあります。成功というと、昨今はお金儲けを連想してしまうかもしれませんが、その方々にお会いすると、お話を伺っているだけでこちらも幸せな気持ちになってしまうほど、福々しく、人生に余裕があり、心が豊かな方が多いのです。

そんな方々のなかから、まずはその代表格として、私たちを被災地支援に同行させてくださった石材グループの会長さんとその先代さんの数奇なお話をしてみたいと思います。

5．石が取り結ぶ縁

この石材グループの会長さんは三代目で、現在は四代目に社長の座を譲っていますが、これからお話しするのは、三代目のお父様である二代目社長Mさんのエピソードです。Mさんがまだ社長候補だった若いころに関東大震災があり、震災復興支援に携わりましたが、これが何とも豪快な話なのです。

このグループ企業の本社は静岡市にありますが、Mさんは震災の報を受けるや否や、職人集団200人を引き連れて支援に向かうべく、静岡駅へ駆けつけました。

駅の改札で「震災復興の支援に行く。協力してほしい」と駅員に申し入れるM氏。ところが駅員は、「無賃で乗せることはできない」と答えました。しかしながら200人の職人集団を前にさすがに恐れをなしたのか、駅員は慌てて駅長室へ走りました。駅長室から出てきた男は「駅長のTだ」と名乗りましたが、先ほどの駅員を指し、「この職員から説明があったとおり、無料で乗せるわけにはいかない。分かったら、切符を用意してくれ」と言いました。

それを聞いたM氏はじっと動かず、しばし沈思黙考しました。

次の瞬間、「お前ら、飛び乗れ！」というM氏の声が駅の構内に響き渡りました。13歳から26歳までの石工、左官、とび職、瓦屋、土方を中心に組織されていた青年団員たちは、それぞれ道具を手にしてドッと列車になだれ込みました。

「おいっ、運転手！　汽車、出しちまえっ！」

あまりの剣幕に慌てて汽笛を鳴らし、出発進行を告げる運転手。不意をつかれ、あっけにとられる駅長と駅員は止めに入る暇さえありませんでした。そして、職人軍団を乗せた汽車の車輪は力強く線路に音を刻んでいきました。

東京はもちろん、神奈川、千葉、埼玉、静岡、山梨、茨城の各県にまで被害が及んだ未

曾有の大災害、関東大震災。被災者340万4898人、死者9万9331人。

二代目社長M氏率いる青年団員は、持てる力、技術を最後まで振り絞りました。大活躍の証拠に、帰り道では多くの人々に賞賛、感謝され、帰りの運賃が無料となったことは言うまでもありません。そして帰路。静岡駅で最敬礼をして彼らを迎えた一人の男の姿がありました。駅長のT氏です。

それから33年後。二代目社長となったM氏のもとに、一人の青年が訪れました。

「墓……。あの、墓を建てたいのですが。墓をつくるなら、こちらの会社がいいですよって、知人が……」

差し出された名刺の名前には憶えがありました。よく相手を見ると、雰囲気にもどことなく感じるものが……。

M氏は青年に尋ねました。

「あなたの親父さん、駅の職員をしていなかったかい？」

怪訝そうな表情で、その青年は答えました。

「はい、確かに父は静岡駅で駅長をしていました」

M氏は表情を和らげて、こう言いました。

「私は、あなたの親父さんのことを、よく知っているよ」

M氏は思いました。あのときの駅長のお墓を自分が手がけることになるとは。石が取り結ぶ縁とは、ほんとうに数奇なものだと感じたことでしょう。

6．「拝むこと」の驚異的なパワー

M氏は、このエピソードからまもなく病に倒れます。私たちの仲間で、先の福島県の震災復興に連れていってくださった三代目社長は、このときまだ16歳でしたが、家の事業を継ぐため大学進学を諦めなければならなくなりました。

その三代目社長がおっしゃったことです。

「はじめはもちろん悔やんだよ。だけど石材業界に入ってみたら、周りはほとんど中卒。後になって考えてみると、彼らを率いてとりまとめていくのには、自分が大学卒ではかえって意思疎通がしづらかったかもと思えるようになった。自分には自分の役割があって、与えられた運命に従っていけば、自然と道は拓ける」と。

何か予想外のことが起こったとき、多くの人は困ったなと考えます。ところが彼は、そうは考えなかったわけです。「親が早く倒れたから大学へ行けなかった」とマイナスに考えるのではなく、「だから僕は早く一人前にしてもらえた」とプラスに考えたのです。

この三代目会長は、私たちの仲間のなかでもひときわ不思議なパワーを持った方です。

まず、60代の私よりひと回り年上のはずなのですが、歩くのがめっぽう速いのです。一緒に歩き出して2分もすると、もう10メートルくらい先を歩いています。5年ほど前に皮膚がんと咽頭がんで、大きな手術をされているのにもかかわらず、です。

「その驚異のパワーはどこから来るのですか？」と伺ったら、祈りだとおっしゃるのです。

「毎日、朝起きたらお天道さんに祈るのさ。『今日も一日、世の中のために働かせてください』って。そして毎晩、寝る前にはお月さんに向かって祈る。『明日も働かせてください。そのためにどうぞしっかり休ませてください』と。この日拝・月拝を絶やさず続けていたら、自然とこうなった」と。

なんでも会長によれば、

「身体っていうのは、お天道さん（神さまでもいいのですが……）から預かっているだけで、人生がうまくいくかどうかっていうのは、それをどう使いこなせるか、っていうことなんだ」ということなのです。そして、「私は石屋だから、よく『霊とか霊魂はあるのですか？』って聞かれるけれども、『ある』と説明したところで、信じない人が半分くらいいる。じゃあ逆に、『命（の源）はどこにあると思いますか？』って聞くと、誰も答えられない。医者でも答えないよね（笑）。心臓にあるんだとか、大脳にあるんだとか、時代によってさまざまなことがいわれてきたけど、最新の医学では、それも否定されつつある。命の源は心臓にあるわけでも脳にあるわけでもなく、それぞれの細胞が個々に指示を出して身体は機能しているっていうんだよね。たとえば飲みすぎて肝臓が処理しきれなくなったとき、脳へ信号を送ったって、もう脳は飲みすぎでうまく働かなくなっているわけだから、肝臓が直接大腸へ指令を出していたりするのだと。

そうなると、体のパーツを束ねて動かしてるのは誰か、つまり電球とエナメル線と電池をつないで『動かそうと意図しているのは誰なの？』ってことになるけれども。原始の大海のなかでいろんなモノがうごめいてるうちに、たまたま超偶然に偶然が重なって、アメーバみたいに自分で鼓動する細胞ができちまって、そういうパーツが時間をかけて集まって、だんだん複雑になったとしか考えられない。つまり、身体が動いているってことは、オッムや心臓を持ってる俺たちの独自の才能なんかじゃなく、信じられないくらいの偶然に偶然が重なってしまった結果でしかない。だから、それらがちゃんとうまーく機能しつづけることについては、お天道さまみたいな超越した存在に、ただ祈るしかないんだよね」

だから、日拝・月拝を欠かさないようにしているとのことなのです。結果はほんとうに驚異的で、その5年前の大手術のときは30〜50針も縫って、「最低でも2週間入院」と言われていたのに、「あなた、出血がほとんどないですね」ということで、なんと4日目に退院になってしまったそうです。

そして三代目社長は、拝むようになってから、お金の苦労はしてもお金に困らないと考えているそうです。もちろん商売をされていますから、借金をしたり、騙されたりするようなこともあって、お金が足りなくなることはあるのでしょうが、いつも誰かが的確な助言をしてくれ、うまく切り抜けられるので、「お金が足りなくても困らなくなった」というわけです。

「30歳になる頃から、いろいろな人から相談を持ちかけられるようになってね。土地のことや相続のこと、兄弟との関係など、いろいろ相談されるけれど、よくよく話を聞いてみると、私にしてみれば『どうしてそんなことで困るの？』と思うわけ。というのも、それは、その人自身が困る方向へ考えているからなんだよね。だって、お金が入ってこなくなって困るんだったら、使う量を減らせばいい。お金がなくて倒産しそうなんだったら、倒産してみればいい。倒産したって殺されるわけじゃないのに、『困る、困る』と思い込んでいる」

このように、拝む人には幸せな人が多いと思います。だから巷では「墓じまい、墓じまい」と言われているけれども、「拝む場所はなくさないほうがいいよ」と、私たち委員会の仲間ではいつも話しているのです。

この会長のお話からは、「拝む」という行為自体、自分のものだと思い込んでいる自分の身体を、まず原初の大海から「いただいたものだ」と認識し直すことだ、そうすれば我欲を離れて幸せになれるんだ、ということが伝わってきます。

7．亡くなった弟が取りもった「私の結婚」

昭和54年の1月15日（当時は成人の日でした）、成人式から帰った弟は、祖母と住んでいた離れのお風呂で亡くなりました。祖母が呼びに来て、風呂に沈んでいる弟を早く引き上げようとすると重かったのを思い出します。小さいうちから何でもできて、学校の先生が5以外の成績を付けるのに困ってしまうような子どもでした。しかし、小学校6年のときに「髄膜炎」と言われ入院手術をしたのですが、当時の医療では完治することができませんでした。その後、高校3年のときには大阪まで行き手術をして、経過を見ながら過ごしていました。そのため高校を留年しましたが、当時は地元の大学に通っていました。一度、風邪薬と間違えて弟の薬を飲んだことがありますが、2日間体がだるくて困りました。それくらい強い薬を飲んでいたせいか、死因は心臓麻痺でした。

その年の暮れに、父は友人たちに喪中ハガキを出しました。すると一人の友人から「お前のところに確か兄貴がいたろうが。近所に嫁にやってもいいという家があるんじゃが、会ってみるか?」と連絡があったそうです。それで、私たちは正月休みに会うことになり、お互いに気に入って2月には婚約しました。そして紹介してくださった方に仲人をお願いして9月に結婚しました。翌年、男の子が誕生しましたが、祖母や両親、親戚は「弟の生まれ変わり」ができたと大喜びでした。そして、次男ができると、父は弟の家を継がせようとしました。しかし、拝んでもらったら「次男を弟があの世から呼ぶので、それは今から決めないほうがいい」と言われました。現在、次男は元気にやっていますから、それでよかったのだと思います。

もし、あのとき父の友人が喪中ハガキを見て、私のことを思い出してくれなかったら、私は違う人と結婚していたでしょう。そして、現在のような出会いもなく、違う人生になっていたのかもしれません。何か運命的なものを感じますが、私たちは「弟が引き合わせてくれて、よかった」と思っています。

妻も同じ気持ちのようで、仏壇の前に行くと、いつも「ご先祖様、ご本尊様、毎日のご利益、ありがとうございます。これからも、よい方向へお導き下さい」と拝んでいます。これは嫁にきて、私の祖母が拝んでいた口上を覚えていて唱えているそうです。3人の子ども、4人の孫にも恵まれ、そろそろ結婚40年に近づいていますが、大きな喧嘩もなく、二人でいろいろな場所を旅して楽しんでいます。

このことから、弟は死んでもなお私たちの人生に影響を及ぼしていることがよく分かります。その意味では、弟は私たちのなかで生きているのだと思います。

8.「死」を意識すること

これまで、私もいろいろな場面で「生と死」を経験してきました。私が最初に「死」を意識したのは、小学校3年生のときでした。親しかった友だちが川で砂利を採っていたとき、深みにはまって溺れ死んだのです。いつも5、6人の同級生の先頭に立ち、皆を引っ張って遊んでいた子で、喧嘩も強く、上級生やほかの地域の子どもたちとのもめごとの際も皆を守ってくれていました。そんな子が突然いなくなるということは、全く考えられないことでした。お葬式になりましたが、55年くらい前のことですから、当時はまだ土葬で、お墓にそのまま埋めたことを覚えています。

この子が亡くなって数か月後、新しく転校生が入ってきたことで、代わりの遊び相手ができたという感じで次第に忘れてしまいました。子ども心とはそんなものかと思いますが、今、彼のお墓のある場所を通ると、川の側の墓穴を掘っていたところ、水が出てきて大人たちが何か言っていた、そんな埋葬の光景とともに、彼のことを思い出します。それもお墓があるからこそで、お墓が彼を思いだす「よすが」となっているのではないでしょうか。

次に死を意識したのは私が小学校4年生のときで、2軒隣の同級生のお父さんが亡くなったときでした。前の日の夕方に近所の子どもたちを大勢連れて元気に蛍狩りに行ったのですが、次の朝には亡くなってしまったのです。いつも遊んでいた近所の友だちのお父さんが突然亡くなったということで大変驚きました。

そして同じ年に私の祖父が亡くなりました。自転車で隣町の散髪屋によく連れて行ってもらいましたし、小さい時の写真を見ると、いつも私を膝の上に乗せてくれていました。中風になって半年くらい寝ていたので、何となく覚悟はしていましたが、身近な存在だっただけに大変ショックを受けました。当時は大家族のうえ親戚も多かったので、盛大な葬式になりました。

つい最近も、姪の子どもが5歳で亡くなりました。私の孫と2週間違いで生まれたのですが、いつまでたっても寝返りをしません。難病にかかっていたのですが、入退院の繰り返しで、歩くことも話すこともできませんでした。生を受けてこの世に生まれてきたにもかかわらず病気と闘う一生でした。葬式に参列しましたが、小さな棺を見て涙が止まりませんでした。しかし、親や親族としては、立派に「おともらい」をすることで、短いけれど一生懸命生きたこの子の一生を意味あるものにできたと思いました。

その後も、友だちのお子さんが自死したり、交通事故で亡くなったり、さまざまな死の場面に遭遇してきました。

その一方で、運よく死を免れた話もあります。私の先輩でいつもお世話になっている葬儀社の副社長は、ゴルフをしている最中に倒れました。もともと心臓に疾患があったのですが、一緒に回っていた義理の弟さんが、ちょうど習ったばかりの心臓マッサージをし続けて一命を取りとめました。実は、先輩はこの義理の弟さんとは、ほとんど一緒にコースを回ることがありませんでした。というのも、義弟さんは少しゴルフがうまくて自慢するため、なるべく一緒の組にならないようにしていたとのことですが、そのときはたまたま一緒に回ることになったそうです。しかも運のいいことに、この義弟さんが人工呼吸のやり方をつい最近習ったばかりだったのです。そうした幸運が重なって命拾いをしました。このとき一緒に回っていなかったら、人工呼吸法を習っていなかったら、そしてすぐ近くにいなかったら、と考えると、なんというラッキーな巡り合わせだったことか。このことがあってから、私は人には寿命というものがあって、寿命までは「生かされている」のだと意識するようになりました。

9．お墓は捨ててもいいのか

先日、週刊ポストに「お墓を捨てろ」という見出しの記事が掲載されました。執筆者はオウム真理教を支持した、ある宗教学者でした。その記事のなかに「墓参りは奇妙な文化で、昔からあるものではない」とありました。昔は、といってもどれくらい昔かは書いてないので分かりませんが、わが家の本家のお墓は30基以上あり、古いものはたぶん江戸時代以前だと思われます。1世代20年としても500年以上たっています。わが家が本家から分かれて200年がたちますが、そこから枝のように分かれた分家がたくさん続いています。その分家のお墓は、本家のお墓の近くに7軒分ほど建っています。宗教学者といわれる人が、このような事実を否定して、間違った意見を公に発表しているのです。

お墓を捨てれば幸せになるのでしょうか。「手がかからない」、「費用が少なくてすむ」というようなことから「お墓を捨てろ」と言うならば、現在の私一人の利害だけですみますが、子どもや子孫の幸せはどうなるのでしょうか。お墓を捨てるということは、私には、人との関わりを断ち切って自由になったように錯覚した全共闘世代の遺物のような考えに思えてなりません。お墓という共通のデバイスで周りの人（親族縁者）とコミュニケーションを取ることを止めたら、先祖や子孫のつながりである「お墓」を捨てたら、独りよがりの誰にも相手にされない人間になっていくように感じます。

江戸時代以前には、庶民は金銭的な問題で石のお墓を持つことはできませんでしたが、文献やしきたりなどによると、木の墓標を立ててお参りしていたようです。西部劇の映画などでも、町はずれの一角に墓地があって、木を十字に組んで墓標としている光景がよく出てきます。

　町の長老から地域の埋葬の話を聞くと、お墓を建てられない人たちの墓地を共同で管理していた話が出てきます。私が消防団に入ったころにも、そういう場所の管理について年長者から話を聞いたものです。長老の話では、その場所は、行き倒れた人や身寄りのない人たちを埋葬したところで、地域で供養していたとのことでした。石のお墓ではなかったかもしれませんが、埋葬場所を示す墓標はあったようです。

「核家族化や少子高齢化でお墓の面倒をみられない人が増えている」ということは当然のことで言うまでもありません。地方では、後継ぎが絶えて、面倒をみられなくなったお墓を、親戚や周りの人がお参りし、掃除をしている例がたくさんあります。しかし、昨今の事情から、お世話をしていた人たちが高齢化、疎遠化して、お墓を片づけるケースが増えています。このように、今まで縁者のお墓の面倒を見ていた人たちが、人的な面、金銭的な面ともに面倒を見られなくなり、過疎化していく場所には「無縁仏」が増えていきます。場所によっては、7割が無縁仏だという地域も出てくるのです。

　先の宗教学者は、そのような地域のお墓を例にとり、「70％が無縁墓になっている」と、あたかも世の中全体の数字のように言っています。自分の論理を正当化するために、大げさにイレギュラーな場所の数字を出しているのです。過疎化が進み、人がいなくなれば、お墓も無縁になるのは当たり前のことです。

先日、友だちが「墓を移転しようかと思っているので相談に乗ってくれないか？」と言うので相談に乗りました。お墓は瀬戸内海の島で淡島というところにあるとのことで、見積もりと段取りのため次男が行ってみると、「フェリーに乗れるのは総重量2トンまで」と言われました。軽トラックで何往復もすることを想定しましたが、結局、住んでいるところの近くに新規のお墓を建てることになりました。この淡島も過疎化が進み、2000人ぐらいいた住民が500人以下になってしまったそうです。当然、お墓もそのままにして島を離れた人がいるので、無縁墓がたくさんあるそうです。ここも先の週刊誌の記事によれば、7割に該当するケースかもしれませんが、だからといってお墓がいらないわけではありません。物理的に後が継げないお墓が増えていくわけで、それはどうしようもない事実なのです。このような事実を無視して「お墓はいらない」というのは大きな間違いです。

10．「家族に迷惑をかけない」は可能か

５年ほど前に「終活」という言葉が現れてきて、終活カウンセラーをはじめ、いろいろな資格やイベントが出てきました。終活イベントのなかで「家族に迷惑をかけない」という言葉が頻繁に出てくることに違和感を持った人たちから、「それは少し違うのではないか」との意見が出はじめています。

私も「家族に迷惑をかけたくない」という考え方には賛同できません。それは、自分（I）という一人称でのみ人生を考えているように感じられるからです。私たちは、生まれたときから家族の世話になり、そして死んでいきます。「子どもが生まれたから迷惑をかけられた」と思う人はいないと思いますし、「年取った親を世話するのは当たり前、自分もいずれはお世話になります」と多くの人は考えていると思います。そこで、フェイスブックにこの話を投稿したところ、「迷惑という考えは間違っている」という意見を供養業界以外の方からも多数いただきました。

こうしたご意見からも分かるように、私たちは、自分という「個人」から私たちという「家族」、「友だち」、「地域」、「社会」へと、意識を戻す必要があるように思います。とこ

ろが、最近のマスコミの記事は、「無縁社会」、「老後破綻」など、一人称的視野での予測が主体になっています。反面、「絆」とか「物から心に」という主張もされていますが、それがどうも上滑りしているように思えてならないのはなぜでしょうか。

私たちは、人との関わり合いがあってこそ、人間として生きているのです。「迷惑をかけられた」と感じるのは「他人」です。私にはいろいろな友だちがいて、夜中に電話してきて「お～い、今、ここにいるから出てこいよ」というような人もいます。「面倒だなあ」とは思いながらも決して「迷惑だ」とは思いません。反対にこちらが面倒なことを言う場合もあります。「理不尽なことを言い、理不尽なことを聴く」のが友だちであると考えているからです。まして身内の理不尽なこと、面倒くさいことは当たり前ではありませんか。この「迷惑をかけたくない」という言葉のなかには金銭的なことが含まれているのかもしれませんが、葬儀など自分の死後のことについては、子どもは子どもなりに自分たちで考えて対処してくれるので、先走りして考える必要はないのです。これをいわゆる老婆心といって、要らぬお世話だと思います。

11.「人の手」を煩わせずに死ねるのか

この1年で私は両親を亡くしました。葬儀、お墓よりももっと手のかかることが事務処理です。まず、保険に入っているならば、保険会社を探して連絡すること、年金事務所での支給停止の手続き、各銀行や郵便局などの金融機関には死亡の連絡と名義変更の手続き、さらには電気、ガス、水道、テレビなどの振込先の変更、太陽光発電ならば充電金の振込先の変更等々、することが山ほどあります。また、株を持っていたら証券会社へ連絡しなければなりませんが、生前にどこの証券会社と取引しているかを確認しておかないと、現在は電子化されているため、どこに預けてあるのかを探すのが大変です。私は、母の証券会社を探すのに6か月もかかりました。

株を持っていない人でも預貯金を解約したり、家の名義を変更したりするのには、戸籍謄本（生まれてから死ぬまで。お子さんがなく兄弟姉妹が相続人のときは、祖父母の戸籍謄本まで）、住民除票、全部証明書（いわゆる登記簿謄本）、相続人全員の印鑑証明など多くの書類を集めるために、さまざまな窓口に出向かなければなりません。

いわゆる終活で「家族に迷惑をかけない」と言っているのは、葬儀やお墓にお金や手間をかけさせたくないことを言っているのだと思いますが、葬儀は葬儀屋さんに、お墓は石屋さんにお願いしたらすみますが、これらの手続きは全て相続人がしなければならないことです。相続を放棄するにしても3か月以内に家庭裁判所へ申し立てるなどの手続きはいるのです。

そして、一番手間がかかるのが遺品整理です。着る物にも思い出がありますが、最も大変なのはアルバムの整理です。故人の思い出が詰まった宝物です。見るだけで一日があっという間に過ぎてしまうこともあります。孫たちも知らない祖父母の姿なども出てくるので、見ているうちに手放しがたくなり、捨てることに大変な勇気がいるのです。

このように、人は人の手を借りずに死ぬことはできません。安易に「迷惑をかけたくない」というのは大間違いです。また、おひとり様で後継ぎがいない人は行政等が処理するのですが、その事務処理費用の不足分は税金でまかなわれることもあります。本来、こういう人こそ「終活」をすべきなのではないでしょうか。

第2章

生きるとは
どういうことか

「生きる」とは、どういうことでしょうか。単に生きるだけではなく、「幸せな、すばらしい人生」を送りたいものです。それはどういう人生でしょうか。それは、お金さえあれば可能でしょうか。『クリスマス・キャロル』の主人公スクルージは金持ちでしたが、誰からも愛されず、孤独で不幸せでした。彼はなぜ最後に幸せになることができたのでしょう。そして、私たちは、どのような人生を送れば幸せだと思い、素晴らしい人生だと納得できるのでしょうか。

1.「生きる」とは命のバトンタッチ

石原慎太郎氏の本で「人生は川の流れの中の一部を担っているだけである、先祖から来た流れを子孫という未来に流すのが役目」というような文章を、読んだことを記憶しています。私は、人生とは「命のバトン」を先祖から受け取って子孫につなぐこと、つまり駅伝だと思っています。私たち夫婦は孫が生まれたときに「ひと仕事終わった感があるね」と話しました。このことを友だちに話したところ「そんなことはないじゃろう」と言っていましたが、その友人に孫が生まれたとき「君の言っていた意味がよくわかったよ」と話してくれました。子どもができたときには、バトンを渡した気持ちはなかったのですが、孫が生まれてからバトンを渡したという感覚が強くなりました。人は、生まれてすぐ母親のお乳をもらい、お宮参りをし、お誕生を祝い、七五三、入園式、入学式、長じて就職、結婚と続き、そして次の代ができます。その間に、いろいろな人と関わり、いろいろな経験をして、人の一生があるのです。人生は、このことの繰り返しです。それが何代も続いて今があり、この先何代も続くのです。親戚の夫婦で、４人の子ども、10人の孫、15人のひ孫を持った人がいます。夫婦２人からの命のバトンが広がって裾野には15人ですが、まだまだ広がりそうです。子孫を残すことは動物だろうが、植物だろうが、生命があるものの使命です。

私は２人兄弟の長男として生まれましたが、弟を成人式の日に、突然失いました。そのとき、祖母は自分の孫の遺体を前に「代わってやりたい」と言っていたのを覚えています。祖母は30代で長女も亡くしています。三女も自分より早く60代で亡くしていますが、80歳になっても娘の看病に行っていました。子どもや孫との別れはどんなにつらかったことでしょう。自分の分身である子や孫が自分よりも早く亡くなるということは、バトンのつなぎ手がいなくなることです。しかし、幸い長女には３人の子どもがあり、その一人が三女の養子になって本家を継ぎましたので、バトンはかろうじてつながりました。

人は一人で生まれてきたのでもなく、一人で生きていけるものでもありません。最小単位である家族の面から見ていくと、人は、まず両親から生を授けられ、家族に囲まれて育てられ、親類縁者にも祝福されて大きくなっていきます。長じて子どもが生まれれば子どもの成長を、おじいちゃん、おばあちゃんになれば、孫の成長を願って生きていきます。つまり人とのつながりの裾野が広がっていくのです。

これを社会的な面から見ていくと、最近はまず公園デビューをして、同年代の子どもたちとのコミュニケーションを学び始めます。幼稚園や保育園に行くようになれば、自分一人の天下からお友だちとの付き合いができることで社会性が生まれ、鍛えられていきます。学校、会社などを通して、さらに人間としての成長を促されます。こうして人とのつながりの輪が広がっていくのです。

当然、家庭での教育も関係してきます。子どものうちは善悪の判断がつかないので、自分のしたいことが最優先ですが、社会性が芽生えてくる（学ぶ）と、他人への気配りや労わりが出てきます。幼児期から社会性を学び、それは死ぬまで続きます。地域への社会性、会社への社会性等々、あらゆる場面で社会性を身につけていきます。いわゆる「おとな」

になっていくのです。厳しく躾けられ、自分を律することができる人と、野放図で自分勝手な振る舞いをする人とでは大きく差が出てきます。「おとな」というのは「大人」と書きますが、中国で「大人（たいじん）」と言われる人は器の大きな懐の深い人のことです。こうした裾広がりで大きな輪がなぜできるかといえば、私たちが生命のバトンを受け渡していくからです。私たちには必ず親がいます。そしてその親にも親がいます。

先日、我が家の仏壇をやりかえたときに、本尊に書いてある文字を見たところ、今から２５０年前に初めて本尊を拝み始めたらしいことが分かりました。２５０年といえば約10〜12世代前です。親が2人、祖父母（親の親）が４人……と2の2乗で10世代前の先祖を勘定したら、１０２４人もいるのです。さらに10代さかのぼれば１００万人を超えます。このうちの一人でも欠けていたら、現在の私は存在しません。私たちは生まれてきた幸せ、生まれることができた幸せなのです。偶然に親同士が出会い、何億倍もの競争率を勝ち抜いて私たちのＤＮＡを持った精子が母親の卵子に進入できたから、私たちは生まれたのです。

このように、私たちの重要な使命は子孫を残すことです。これだけでは動物と同じですが、私たち人間には魂があります。両親から肉体を授かり、天から「魂」を受け継ぐのです。どんな魂かというと、「幸せになるという魂」です。

「毎日、お天道様が上り、沈んでいく。一日を無事に過ごしたことを感謝し、朝に目が覚めることを喜びにする」。これが生きるということではないでしょうか。

2. 素晴らしい人生（ワンダフルライフ）

素晴らしい人生とは何でしょう？

自分の生きていることを実感して、他の人の役に立っているということを感じることができれば、素晴らしい人生ではないでしょうか？

こういうことを感ずることなく、何となく過ごしている人に「幸せ感」はあるでしょうか。何となく生きて、何となく会社に行って、何となく家に帰って、何となく家族に接する。そして、何となく死んでゆく。これって、幸せなのでしょうか？

「幸せは歩いてこない、だから歩いて行くんだよ」（『365歩のマーチ』）と歌われているように、じっと待っていても幸せはやってきません。前向きな、人の役に立つ生き方こそが素晴らしい人生につながり、「幸せ」を呼ぶのだと思います。短い人生の人も、長い人生の人も一生懸命生きていけば、皆「素晴らしい人生」なのです。

素晴らしい人生には、素晴らしい出会いがあります。「一期一会」、「袖擦り合うも他生の縁」などと言われるように、人は出会いによって人生の幅が広がっていきます。

知り合いに80歳で、真っ赤なオープンカーに乗って私たちと一緒にドライブに行くおじいちゃんがいます。おばあちゃんもときどき一緒に来ます。彼は、がんにかかっているらしいのですが、私たちの仲間は、おじいちゃんが元気でいつまでも一緒にドライブできるのを楽しみにしています。雑誌にも取りあげられるぐらい車好きですが、年下の人にも偉ぶらずに接するので、「かっこいいおじいちゃん」で通っています。私たちは、「このおじいちゃんのように生きていけるといいなあ」といつも話しています。

また、私の友だちに車を80台持っている人がいます。彼との出会いの場は、共通の友人の会社でした。友人が「お前と同じで古い車が好きなんだよ」と紹介してくれましたが、まさか80台も持っているとは思いませんでした。その彼が先日、ノスタルジックカーフェスティバルを主催するということで参加要請があり、私も仲間を募って参加しました。すると、何と同じ出展者のなかに高校の先輩がいたのです。話が盛り上がったのは言うまでもありませんが、こうした出会いの場によって人の輪が広がっていくのだなと思いました。

しかし、その輪もよい輪でなければ意味がありません。たとえば他の県では、古い車にもランクがあって、年式の新しいものや価格の安いものを馬鹿にしたり、見くだしたりする地域があるそうですが、私の地域では、80台持っている人も偉ぶったりしないで、どんな車の持ち主にも「維持に苦労をしていること」を伝えるので、いつも和気あいあいとしており、マナーを守って楽しいイベントが開催されています。

また、この本を執筆するに当たっても、多くの仲間が集まって出版に賛同し、そしていろいろ話し合いながら進めてきました。私たち委員会の仲間には文章のプロがいないため、表現の仕方などで戸惑っていたのですが、偶然にも勝桂子さんとお知り合いになることができ、監修者としてご協力いただくことになりました。これも幸運な出会いです。おかげで、このような本が出版できることになったのです。

私たちは、仲間がいれば、悲しいことや楽しいことを分かち合えます。いろいろなことに興味をもつことによって視野が広がり、仲間の輪も増えます。そして、お互いを認め合うことで、人生が豊かになります。

また、自分の子孫が増えていくことも幸せであり、素晴らしいことだと思います。私が小学生か中学生のころ、『七人の孫』という番組がありました。孫に囲まれたおじいちゃん役の森繁久彌さんは大変幸せそうに見えました。私には今４人の孫がいます。孫に囲まれた私は幸せですが、７人の孫に囲まれればもっと幸せでしょう。

愛しい家族と分かり合える仲間がいて、感謝を忘れない姿勢があれば、素晴らしい人生だと言えるのではないでしょうか。

3．心とお金の調和

お金と時間と信用：　最近、費用対効果ということが、お題目のように言われます。人との付き合いも利害を重視し、「あの人と付き合うと得だから」とか「付き合ってもメリットがないから」という言葉をよく耳にします。こういう言葉の裏には必ずお金が絡んでいます。お金は、生きていくうえで大切なものですが、それが全てではありません。

私たちの死亡率は１００％であり、誰しも死を免れることはできません。人生80年と考えても、生まれてから死ぬまで3万日足らずです。ということは、私たちにとって一番大切なものは「時間」です。私たちは若返ることはできませんし、過去に戻ることもできません。全ての人の時間は1日24時間、１年は３６５日で、みな同じです。しかし、何となく生きた時間と、使命感をもって生きた時間とでは、大きく違ってきます。使命感といっても「大臣になる」、「社長になる」というような大それたことではありません。「幸せに暮らす」、「周りの人を幸せにする」ということで十分でしょう。死んだような人生ではなく、生きた充実した生活を送ることが大切なのです。

次に大事にしたいのは「信用」です。信用を得るためには長い時間がかかりますが、なくすのは一瞬です。最悪の場合、ちょっとした言葉の行き違いでも信用をなくしてしまうことがあります。最近、信用という意識に欠けた人が増えているように感じます。自分のしたことに責任が持てず、人のせいにしたり、言い訳をしたりする人や企業が増えています。しかし、「お天道様」は見ています。ここでいうお天道様とは、「自分の心のなかの目が見ている」ということなのです。そして、周りも見ています。誰しも、自分を騙し、周りを騙し続けることはできません。時間を大切に、信用を大切にすることが「お金が寄って来る秘訣」だと、私の父は言っていました。

お金と幸せ：　重ねて言いますが、お金や物をたくさん持っていても幸せとは限りませんし、意味があるとも思えません。フィリピンのイメルダ夫人は靴を３０００足持っていたそうですが、一度に履ける靴は1足です。物をたくさん持っていても、使えなければ意味がありません。「吾唯足るを知る」で、相応な物と相応のお金さえあれば、幸せに暮らせていけるのではないでしょうか。

相続争いをしている人を見て、貴方はどう思いますか？　かっこいいと思いますか？がんばってるなと思いますか？

親のお金を相続するのは当然の権利ですが、最近は相続でもめるケースが増えているそうです。相続の際、過去を振り返って、「貴方は大学に行かせてもらったのだから、その分を少なくしろ」とか「面倒を見てもいないのに平等と言うのはおかしい」とか、いろいろな理由でもめることもあるかと思いますが、自分が死んだとき、または連れ合いが死んだときに「相続」でもめることを想像してみてください。私たちがもめているのを見た子どもたちも、もめる率は高いと思います。

お金がなくても幸せか：　今から50年近く前に、父から「あの家には株券がリンゴ箱3杯に山になっていた」という友人の話を聞いたことがありました。しかし、30年後には会社が倒産して何もなくなっていました。その人はお坊ちゃん育ちでお人好しだったため、いろいろな人が周りに寄ってきて、結局騙されてしまったのです。その当時のリンゴ箱3個分の株券がどれぐらいの金額になるか正確には分かりませんが、今の金にして10億は下らないでしょう。しかし、いい人でしたので、倒産後も「お父さん、お父さん」と皆から慕われ、どこか吹っ切れた感じで楽しそうでした。そして晩年は、毎日のようにわが社にやってきては父と昔話をしていました。

いま金持ちと呼ばれても、未来永劫金持ちでいられるかは分かりません。世の中には、年間50億円の収入を得ても、何年か後には50億の借金を背負う人もいるのです。M会長が言われるように、「金に苦労はしても、金に困らない人生」を送りたいものです。

私たちは、葬儀やお墓にお金をたくさん使ってほしいと言っているわけではありません。当然、分相応で構わないのです。ただ生きたお金の使い方をしてほしいのです。金銭的な理由から直葬にしたり、納骨堂や散骨を選択しなければならない場合もあると思いますが、そのときにも供養の気持ちを忘れないようにしてほしいものです。

4．人としてのマナー（品格）

人生の「まさか」：　私の高校の先輩で、映画館を経営していた人がいました。30年前は映画館の下をスナックに何軒か貸していて、木下サーカスとも関係があったり、大物歌手の興行をしたりという、いわゆる旦那でした。20年ほど前に映画館を芝居小屋に建て替えて、地方回りの劇団が公演していました。そこへ、マンションに建て替えるという話がもちあがりました。そのため、芝居小屋を取り壊して準備をしていたのですが、許可が下りなくなってマンション建設の話は没になり、挙句の果てに会社は倒産してしまいました。幸い、中学、高校の後輩の葬儀社に夫婦ともに就職することができました。6年前に亡くなりましたが、この先輩の葬儀に私は大変感動しました。出棺になったとき、葬儀社の同僚のスタッフ全員が法被《はっぴ》を着て出てきました。そして妹さんが、拍子木を叩いたのです。なぜ拍子木を叩くのかと不思議の思っていたところ、後輩が「これが本当の幕引きだ」と話してくれました。興行では、舞台が終わるとき、最後に拍子木を打って終了します。先輩は、人生の幕引きをしてもらったのです。不謹慎かもしれませんが、かっこよかったし、粋な別れだと思いました。

死後、この方の手記が発行されましたが、その題名が『上り坂、下り坂、まさか』でした。その手記によると、先輩が「まさか」という場面に遭遇したのはマンションのことだったようです。そして、もう一つの「まさか」が、後輩がしてくれた行為でした。夫婦で葬儀社に雇ってくれ、面倒を見てくれたことが書かれてありましたが、「義理は一生、恩は末代」ということで、後輩から受けた「恩」について、次世代の息子にもきちんと伝えていたのです。何かして差し上げると、必ず巻紙のお礼状をくださるという義理堅い方でしたが、いかにもその方らしい言葉だったと思います。そういう方だったからこそ、「まさかの転落」が「まさかの恩」に転換したのだと思います。まさに「人生至るところに青山あり」「人間万事塞翁が馬」だと感じさせられた次第です。

マナーを守る： これに反して「法律に触れないから、何をしてもいい」というような風潮が今、蔓延しているように思いますが、そのきっかけとなったのが「江川事件」ではないでしょうか。暗黙のルールを「空白の一日」というマナー無視の行為で押し切った読売新聞の行為は、「球界の盟主」と言われていただけに、大きな影響を与えたと思っているのは私だけでしょうか。

最近は「横綱の品位」ということも問題になっていますが、角界最高峰の横綱に求められているのは強さだけではないのです。正々堂々と卑怯な振る舞いをせず、自分の言動に責任を持つことが、横綱という立場の人に求められているのです。横綱は、チャンピオンとは違うのです。私たちはマナー（品位と言い換えても）のない人を尊敬できるでしょうか？　友だちに持ちたいでしょうか？

また、特に、ゴルフはマナーのスポーツと言われています。いくら上手でもマナーの悪い人は嫌われます。ゴルフで一番迷惑なことはスロープレイです。プロの試合ではスロープレイにはペナルティがかかります。アマチュアの場合はペナルティはありませんが、私はスロープレイの人とは一緒にプレイしたくありません。そして、いろいろな人と一緒にプレイしたいので、嫌われないようマナーには気をつけています。

5．生まれてきてよかった！

水戸黄門の歌ではないですが、「人生楽ありゃ苦もあるさ」で、一生のうちにはいろいろなことがあります。私の身の周りに限っても、病死、事故死、自死などいろいろな死に遭遇しました。泥棒にも入られましたし、火事も経験しました。しかし、いろいろなことを乗り越えられたのも、明るく前向きに生きてきたおかげです。そして、家族親族や周りの人たちの励ましやアドバイスがあったからです。私たちは、いろいろな人に出会い、いろいろな人から影響を受けています。逆にいろいろな人に影響を与えていることもあるでしょう。

ある会で、亡くなった弟の友だちと知り合い、私が知らなかった弟の高校時代のことを聞く機会がありました。ご夫婦ともに弟の同級生だったとのことですが、そのとき奥様が「弟さんによく数学を教えてもらいました」と話してくれたのです。「そうか。そんなことがあったのか」と、弟の友だちから亡くなった弟の話を聞くことがなぜか嬉しく、とても幸せな気持ちになりました。

二人兄弟で育ってきた私は、一人になってから大変寂しく感じていますが、このように弟の友だちから話を聞いたり、身内のなかで弟の話が出たりすると、弟の存在を感じることができ、わずか20年の短い人生ではありましたが、弟が生まれてきてくれて本当によかったと心から思います。

こうした思いは私だけではないようです。友だちの娘さんが中学2年で心臓麻痺で亡くなったときのことです。私は、子供会の監督をしていたので、娘さんのことは小さいころから知っていましたが、ちょっとひ弱で、あまり運動が得意でないお子さんでした。その娘さんのお葬式では、火葬場まで同行させていただきましたが、そのとき友だちご夫婦が焼却炉に入る娘さんに向かって言った言葉は「生まれてきてくれて、ありがとう」でした。自分の娘が、それも若くして亡くなれば、大変悲しくつらいことですから、「なんで死んだんだ！」と恨みたくなるところでしょうに、「生まれてきてくれて、ありがとう」とおっしゃったのは驚きでした。あまり体が丈夫ではなく喘息持ちでしたから、手もかかったことでしょう。ご苦労なさっただけに悔しさもひとしおだったかと思いますが、「ありがとう」の言葉で送られたご夫婦に、私は尊敬の念を抱かずにはいられませんでした。

人は、いろいろな出会いや関わりのなかで、その人が幸せになるだけではなく、他の人に幸せを与えているかもしれません。人の一生で、何を幸せ、何を不幸というのか分かりませんが、お互いに幸せを与えあう、そしてお互いに「ありがとう」と感謝しあえる、そういう人間関係や心の持ち方が一番大切だと思います。

ところで、この「ありがとう」という言葉の反対語は「当たり前」です。ともすれば、私たちは生まれてきたことを「当たり前」のように考えがちですが、生んでくれた両親、そのまた祖父母、さらにはご先祖様がいたからこそです。「生まれてきてよかった」は「生んでくれてありがとう」ということで、そこにつながるすべての人に感謝しなければなりません。そして、そのご先祖様に感謝できる場所が、「お墓」と「仏壇」です。

第3章

お墓と葬儀とお寺

私たちは、いつ、なぜ、お墓を建てるようになったのでしょうか。それは、私たち人類が「死」や「死の悲しみ」を意識したのが始まりではないでしょうか。そして、その死を悼む思いを形に現したのがお墓だったのではないかと思います。しかし、お墓は、ただ建てさえすれば、それで事足りるものでしょうか。そうでないとすれば、お墓は私たち生きていくうえで、どんな意味をもつのでしょうか。

1．お墓と墓地

お墓の略史：　お墓や宗教はいつ生まれたのでしょうか。歴史を振り返ってみると、原始の人たち（ネアンデルタール人）が遺体を埋めて、そこに花を手向けたことが知られており、そこからお墓と宗教が生まれたのではないかと言われています。ところが昨今、動物でさえゾウのように大型となれば葬式のようなことをすることが知られてきたのに、この日本では、われわれ人間が葬送儀礼をどんどん忘れていっているのは、どういうことでしょう。

日本でも、すでに縄文時代からお墓に類するものが作られています。青森の三内丸山遺跡には５５００年から４０００年前の縄文時代の埋葬を見ることができます。死んだ人を楕円形の穴に規則正しく埋葬していますし、首長のお墓をストーンサークルで囲った形も見られます。このことから、日本人は５０００年以上前から死者を埋葬し、拝んでいたことが見てとれます。

弥生時代になると、「甕棺」といわれる焼いた甕に遺体を入れて埋葬する形が現れます。佐賀県の吉野ヶ里遺跡では、列状に整理された墓地があり、また古墳の原型のような土を盛った首長のお墓も出ています。

古墳時代に入ると、大きな首長の墓が作られるようになり、中国や朝鮮の影響も現れてきて、古墳には多くの埋葬品が遺体と一緒に埋められました。このことから、支配階級には「死後の世界」の意識が強くあったと思われます。

鎌倉時代に、塔婆の形をした一石五輪塔が建てられましたが、これが日本最初の墓石ではないかといわれています。それ以前は、木の塔婆を立てていたようです。発掘率は少ないものの、11世紀後半から12世紀前半のものが発見されています。しかし、石の一石五輪塔は加工が大変なため、もっぱら身分の高い人たちのものとして建てられ、庶民の墓は一定の場所に皆一緒に放置されたり、または埋葬されたりしていたようです。鎌倉近辺では、

「横穴墓」といって、山の崖面に横穴を掘って、そこに埋葬したお墓が見つかっています。

13世紀になると、中流層は板に文字を彫り込んだ板碑を建てていたようです。上流層は祠型のお墓も建てていたようで、わが家の本家の墓地にも残っています。

江戸時代になると、キリスト教ではないことを証明するために檀家制度ができて、一般庶民も檀那寺の境内などに自分の墓を持てるようになります。これによって現在のような位牌型のお墓が広まってきました。しかし、土地が十分に確保できなかったため、墓石制限令によって墓地が制限され、それまでの夫婦単位のお墓から先祖代々の墓に変わっていきました。

現在では、仏教、神道、キリスト教も石のお墓を建てるようになりました。

墓地の話： お墓を建てる場所である墓地についてですが、一般的に4種類の墓地があります。
①自治体などが管理運営する「公営墓地」。ここは、宗教・宗派は問いません。業者の指定がないので、どんな業者でも建てられます。
②民間が管理運営する「民間霊園」。宗教・宗派を問わないところが多いですが、業者

の指定があるところが多いので、石材業者は限られます。

③○○宗の○○寺院が管理運営する「寺院墓地」。当然、ここに建てられるのは○○寺院の宗派の檀家のみです。石材業者の指定があるところと、ないところがあります。また、派手なデザイン墓は敬遠されることもあります。

④地域で管理している「共同墓地」。地域の住民のみの建立しか認めていないところがほとんどですが、場所によっては親類縁者も大丈夫なところもあるので、管理者に相談するといいかもしれません。

※まだ事例は少ないのですが、近年は公益法人も墓地許可を取得できるようになりました。

2．お墓はクラウドにつながるデスクトップ

若者の「あの世観」：世界にはいろんな宗教がありますが、多くの宗教では先祖の供養をし、自分たちの幸せを願います。

よく「お墓ってなんですか？」という質問を受けることがありますが、私たちは「お墓は、敬、愛、慈の場所です」とお答えしています。「亡くなった人を弔う場所」が必要だっ

図1　あの世をコンピュータ世界で表したもの

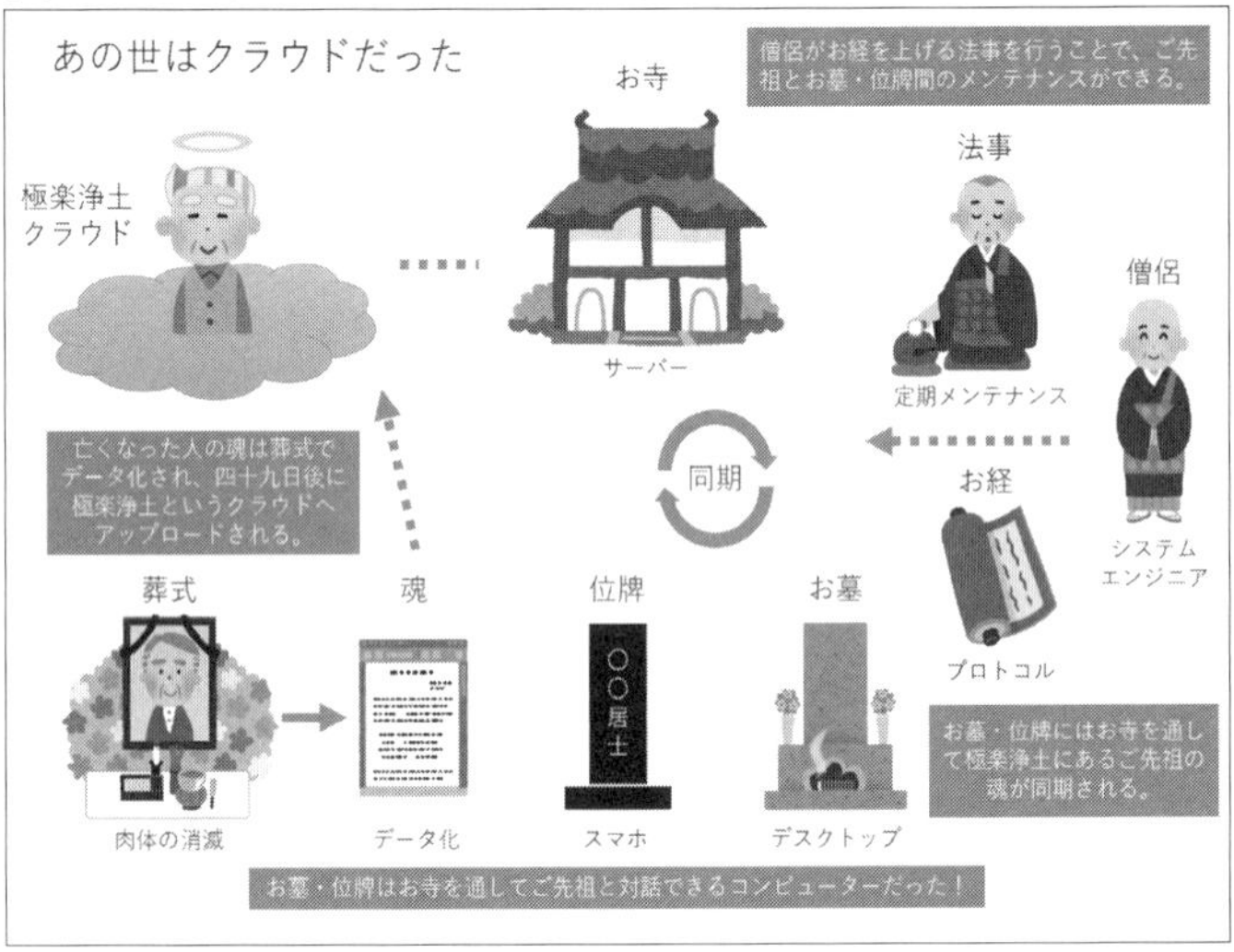

たから、お墓はできました。先祖を敬い、家族を愛おしみ、子孫を慈しむ場所、それがお墓なのです。

　図1は、若者が「あの世観」を現代の感覚で表したもので、目に見えない「あの世」をコンピューターの世界の「クラウド」で表しています。

　それによると、魂は葬式で「データ」化され、戒名という名の「URL」を振り分けられます。僧侶という「システムエンジニア」が、お経という「プロトコル」（複数の者が対象となる事項を確実に実行するための手順等について定めたもの。語の訳としては「規定」「議定書」「儀典」などがある）を使って、お寺という「サーバー」を通して、あの世という「クラウド」に上っていきます。

そして、システムエンジニアは、魂を、サーバーを介してお墓という「デスクトップ」や位牌（「タブレット」）という「デバイス」に同期します。

お墓参りという行為は、クラウドから先祖をアップデートして自分の身近において拝むということに近いです。法事という「メンテナンス」をシステムエンジニアが取り行ない、それを身内という「ユーザー」がお願いします。

若者はこのような感覚で、「あの世」や「死にまつわる世界」を見ており、そこには宗派も何もありません。

よくお寺離れ、宗教離れと言われていますが、こういう感覚で、あの世とお寺と僧侶、お経、葬式、お墓・位牌、法事を見ていけば、○○宗の手順がどうの、お墓参りのやり方がどうのと言わずに、単純にあの世というクラウドから、ご先祖の魂（思い出）を取り出して、見つめ直す、というように彼らは感じているようです。

ですから若い人たちは、お墓や位牌、お寺を否定しているわけではありません。その証拠に、若い人のお墓参りの比率も上がっているそうです。むしろお墓参りやお墓を否定している人が多いのは団塊の世代です。

本来、過去と現在と未来を見つめて生きていくのが人間だったはずですが、今や目先の損得だけで物事を判断する人たちが増えています。昔の人は生き方の品性を大切にしました。私が子どものころは、卑怯と言われることは死ぬほど恥ずかしく情けないことでした。自分だけが得をしたり、立場を利用したり、弱い者いじめをしたりすることはやってはいけないと、子どもながらにも教えられました。人としてやってはいけないこと（法律に触れる）をやらないのは当然として、人としてやらなければならないことを考えていない人が多くいるように思います。弱い立場の人を思いやり助けることができなければ、薄ら寒い社会になり、ギスギスした住みにくい世の中になっていくことでしょう。

お墓マイラー： 戦国の武将も宗教に関心を持ち、先祖を大切にして供養をしています。織田信長は、比叡山を焼き討ちし、一向宗とも戦いましたが、それは宗教を信じなかったのではなくて、宗教の仮面をかぶった破戒僧が政治的に動くことを黙って見過ごせなかったからではないでしょうか？

高野山の奥の院に行くと、戦国武将の大きなお墓がたくさんあります。ここでは石田三成のお墓の近くに明智光秀のお墓があります。織田信長、豊臣秀吉もここにお墓（供養塔）

があります。当然、弘法大師のご霊廟が一番奥にありますが、同時に法然上人、親鸞上人の供養塔もここにあるのです。敵味方、宗派の違いを超えて皆一緒です。

京都の霊山に行けば、幕末や維新の志士たちのお墓が１３００基ほどもあります。坂本龍馬、中岡慎太郎のお墓にはお参りが絶えません。ここに来ると、たくさんのお墓を前にして、荘厳な気持ちになるとともに、幕末の風雲児たちの激しい息吹が聞こえてきそうで、血が沸き立つような思いにも駆られます。

東照宮は徳川家康の、タージマハールはインドの王様の愛妃のお墓です。どちらもお墓の概念を超えるような華麗な建物で、今や人気の観光名所です。このように、お墓は亡くなった人への思いや敬愛を示す場所として建てられてきましたが、その思いが強いほどお墓は規模も大きく装いも豪華になります。もちろん東照宮やタージマハールは別格ですが、お墓を建てるには、それなりの費用がかかります。ですから、いくら思いがあったとしても下層の人たちはお墓を建てることができなかった時代もありました。

現在、観光目的を含め、お墓参りをする人たちのことを「お墓マイラー」と呼んでいます。有名人のお墓や古い供養塔、歴史的な石造物に触れることで、教養を高めたり、知識を深める人たちが増えてきています。若い人たちのお墓参りが増えていると言いましたが、その背景の一端にゲームやアニメの影響があるのかもしれません。というのも、ここ15年ほどのゲームには、こうした歴史上の人物や神話のキャラクターがたくさん登場しているからです。理由はどうあれ、お墓参りをすることはお墓の意味を理解する第一歩で、大切なことです。

3．中国はお墓ブーム

私は仕事でしばしば中国に行きますので、私が見聞きした隣国のお墓事情について少し触れてみましょう。

お墓と風水思想： 文化大革命のときに中国政府は宗教を徹底的に弾圧し、寺院や教会など宗教的な建物も破壊しました。当然、お墓も否定され、鄧小平の改革開放以前は、お骨を家に持っていることが普通でした。そのため、一部の地方を除いてお墓が建てられることはありませんでした。

ところが１９９０年代に入ると納骨堂ができ始め、都市の近くにも霊園が造られ始めました。霊園ができると、「納骨堂に入れるのは、お金がないように思われて恥ずかしい」とメンツにこだわる人々が競い合い、霊園は大流行となりました。有名なのは上海福寿園です。大変美しい霊園で、日本からも見学者が絶えません。ここに入りたいと申し込む人が多いので、価格は年々上がっています。遂には場所が足りなくなり、別の場所に新しく造る計画もあるそうです。

北京でも４０００坪の土地を購入して新規の霊園を計画中だそうですし、他の地域でも霊園開発に地域行政府が絡んで、続々と霊園がオープンしています。霊園のなかには納骨堂や樹木葬を完備しているところもあります。また、日本の石材業者も中国向けのお墓をたくさん作っています。こうした中国のお墓ブームの中、昨今の中国の経済発展を象徴するかのように、豪華なお墓を建てたいと願う人もいて、総工費１０００万元（１億７千万円。地代別）ものお墓を建てた人もいるそうです。

中国人が、なぜお墓を建てるようになったかといえば、それには風水思想が関係しているようです。中国では道教の影響で風水を信じている人がたくさんいます。特に商売をしている人は運気を大切にするので、何をするにも風水に基づいて考えます。そのため、霊園も風水を念頭において開発されます。山を背負い眼下に水のある場所（川や池、海など）

を探して設計するようです。自然に恵まれないところでは、わざわざ小さい池を掘って風水の気の流れをよくしている霊園もあるほどです。考えてみれば、京都や奈良の古刹も、入り口近辺に池があったり、山を背景にしたりしているところがほとんどではないでしょうか。同じように、中国でもお墓は運気を拡大する場所として大切にされているのです。

また、中国人のあいだでは、先祖を大切にする心は人間としてごく普通のことのようです。そのため、「お墓を作って、自分が生きてきたことを次世代、次々世代に知ってほしい、伝えていきたい。それが人間の使命だ」という意識は、日本人以上に強いように思います。しかし、中国でもお墓や墓地は価格が高く、福建省の福清市という田舎でも0.9平方メートルが100万円だそうです。私が厦門の社長さんから聞いたお話では、田舎に1800平方メートルのお墓を建てたところ、地方行政府から「あなたのお墓は大きすぎる」と言われたそうです。しかし、お墓は皆がワイワイ集まって、供養と宴会をするところでもあるので、大きいお墓は必要だとのことでした。

家系図の役割：　こうした背景もあって、「文化大革命で、運気が悪くなって近代化が遅れた」と考えている人たちがたくさんいるのも事実です。今から20年以上前のことですが、まだまだ中国が、貧しく近代化が遅れていたころ（当時、私が列車に乗ってカップ麺を食べていたら、見学者が輪になって集まってきたころ）、ある福建省の中国人の社長が「福建省を10年間日本に貸して開発してもらえば発展が早いのではないか。文化大革命は失敗だった」と言っていました。そして驚いたのは、中国全土かどうかは分かりませんが、各家庭の家系図を作って大切にしているということです。

一般的に中国人というと「漢民族」（90％が漢民族）のことを言います。中国全土を漢民族以外が支配したのは、歴史に残っている限り、「元」と「清」の二つの時代だけです。ですから、祖先に対するプライドは相当なもので、また強い関心も抱いていて、私が見せていただいた、ある家族の家系図などは百科事典一冊ぐらいの分量でした。そこには１１５０年ごろからの系図が記されていましたが、始まりの人は八代目とのことで、１０００年以上前からの家系だということが分かったそうです。先祖のお墓の場所も探し出して写真を載せていますし、この人は何人兄弟で、どういう人だったかということまで書かれていました。代々受け継がれているものを、自分の代で新しく描き直して持っているということは、自分の先祖に誇りを持ち、それを未来に受け渡していこうとしているのだと感じました。「日本にはないのか」と聞かれましたので、「わが家にはありますが、一般的には、お寺に過去帳というような家系図のようなものがあります」と答えましたが、中国人が家系図を大切にするとは思いもよりませんでした。こうした考えは一般的には共産主義の国に馴染まない感覚に思えますが、彼らは一族に誇りを持ち、ファミリーを大切にしているだけのことなのです。その感覚はかつては日本にもあったものですが、戦後の個人主義という流れによって次第に薄くなってしまいました。しかし、ファミリー主義、仲間意識は、相手を思いやる心を養うように感じます。先日、韓国出身の友だちに家系図の話をしたところ、その人にもやはり膨大な家系図があるそうです。そしてファミリーを大切にしているとのことでした。

4．和を以て貴しとなす

日本人に大きな影響を与えた言葉が、聖徳太子が定めたとされる『十七条の憲法』のなかの「和を以て貴しとなす」です。孔子の『論語』のなかにある「礼の用は和を貴しと為す」という言葉から引用されたのではないかといわれています。孔子の言葉は、世の中の秩序や上下関係などが正しく機能するためには、皆で仲よくしなければならない、そのためには「和」が必要であるとしたもので、「条件つきの和」でした。それに対して、聖徳太子の「和」は、「無条件の和」です。農耕民族の古代日本人は、村や集落の人が集まり、田植えをいつするか、稲刈りをいつするかを皆で一緒に相談しながら行い、助け合ってきました。そうすることで衆知と思いやりの心を育んできたことから、「聖徳太子」の「和を以て貴し」という言葉になったのです。

『古事記』や『日本書紀』が編纂されて、「神話」の世界が信じられていたのですが、仏教の伝来により中国の思想が入ってきて、いわゆる「哲学」的な思想がこの「和を以て貴し」の中に入ってきています。このように、日本でいう和には仏教と神道を融合した和の考えも入っているのです。

引用した国語辞典によると、「和」とは、①仲良くすること。お互いに相手を大切にし、協力し合う関係にあること。「人の和」「家族の和」。②仲直りをすること。争いを止めること、「和を結ぶ」「和を講じる」。③調和の取れていること、④○○をプラスするということ、だそうです。

このように、和のなかには「争いを止める」という寛容の意味が入っていますが、最近の風潮として、人の欠点をあげつらい、落ち度を追及する寛容さに欠ける人が多くなっているように思われます。電車が遅れれば駅員に食ってかかる、大したことでもないのにクレームをつける、このような人たちは感謝の気持ちが一片もない人たちです。感謝の気持ちは「ありがとう」で表わされますが、常日ごろから意識していないと「当たり前」になってしまいます。時間どおり電車が来るのは当たり前だと思っているから、駅員に食ってかかるのです。外国に行けば、時間どおりには来ないのが当たり前で、時間どおりに発車すれば儲けものです。上海から厦門行きの飛行機の遅延率は9割以上です。しかし、怒っている人は誰もいません。遅れることを覚悟しているからです。このように、和のなかには「覚悟」というものも入っているのではないでしょうか。

「ありがとう」の反対は「当たり前」だそうですが、現在、この「当たり前」が世の中にはびこっているように思います。例えば今、世の中では「フードロス」が蔓延し、年間の廃棄食物は消費量の3割にもなっています。このように、当たり前のように捨てられるフードロスは、実に「もったいない」ことですが、この「もったいない」も「和を以て貴しとなす」に通じるもので、「和」の意味の「③調和の取れていること」から見ると、捨てる物が3割もあるということは調和がとれていないということではないでしょうか。スーパーなどの廃棄担当者は「心が折れますよ」とノイローゼになる寸前だそうです。一人ひとりの意識で、廃棄食品を減らしていくことも「和を以て貴しとなす」の精神につながるのではないでしょうか。

5．神社はお墓に類するもの

八木龍平さんの『成功する人は、なぜ神社に行くのか？』（サンマーク出版　２０１６年）という本がベストセラーになりました。また最近は、「神社女子」「歴女」というように、歴史に興味を持っている人が増えています。ご朱印帳を集める人も増えているようです。どこの神社もお寺もご朱印帳を書いてくれる場所には行列ができています。

伊勢神宮は天照大神を祭っていますし、出雲大社は大国主命を祭っています。このような神話の神様を祭っている「神社」の他にも、明治天皇を祭っている明治神宮、吉田松陰を祭っている松陰神社、徳川家康を祭っている東照宮、菅原道真を祭っている天満宮、天神様というように、実在の人物を祭っている神社もたくさんあります。実際に久能山東照宮には家康の遺骨が葬られていますし、日光東照宮は家康の一周忌を迎えて造られたものです。松陰神社は、吉田松陰のお墓の側に建立されています。このように、神社のなかにはお墓の代わりというか、お墓そのものである場合もたくさんあります。

もともと仏教には「祖霊信仰」（先祖供養）はありませんでしたが、中国や朝鮮の儒教思想と日本の神社信仰とが融合して、以下に述べるような経過をたどって、日本流仏教の先祖供養としてのお墓になっていったのです。ちなみに神道でもお墓を作り、お墓参りをします。

スピリチュアルなことを言うわけではありませんが、人の魂は死ぬと「魂（こん）」と「魄（はく）」に分かれるそうです。（14Pイラスト参照）「魂」は「心のたましい」であり、自由に飛び回り、位牌に降りてきます。真言宗なら50回忌を迎えたら成仏し、子孫を見守る先祖神となり氏神様に宿ります。「魄」は「体のたましい」と言われています。現世で穢れた魄を鎮めるために土に埋め、鎮魂します。魄が土に還るまでのあいだ掘り起こされないように、風化しない重い石で蓋をします。これが「お墓」です。お墓参りを繰り返すことによって自家神となり、やがて氏神様に宿ります。

このように、魂は時間をかけて神様になっていくのです。魂も魄も氏神様に還るのです。ですから、神社はお墓に類するものなのです。

古い家や会社には、神棚を設置して拝んでいるところがたくさんあります。江戸時代、御師といわれる人が伊勢神宮のお札を配って歩いていましたが、神棚はそのお札をいただいてお祭りする場所として作られたそうです。今では、伊勢神宮のお札だけでなく、その土地の氏神様やいろいろな神様のお札をお供えすることも多いようです。台所には火の神を鎮める「おどくう様」（場所によっては「おくど様」とも）をお祭りしているところもあります。一般に仏壇は先祖供養のために、神棚も神道を祭っている家庭では、同様に先祖供養のために設置されているようです。

神社にお参りに行くことも、お墓に参ることも同じような行為ではありますが、自分の親や祖父母たちがお墓をきれいにし、足繁くお参りをしたお墓には一般の神社と同じように「念」が入っています。このことは次の項目でお話ししたいと思います。

6．私たちのパワースポットはどこか

地元の神社：　私たちの身近な地元には、氏神様と呼ばれ親しまれている神社がありま す。私たちは、子どもが生まれると、お宮参りや七五三参りなど人生の節目には、この地元の神社に行き、氏神様に祈ります。また、初詣やお祭りなどを通じて、人々の日常生活

とも密接な関わりをもっています。こうした身近な氏神様には、亡くなって50年以上たった先祖の霊が宿っていて、私たちが幸せに暮らせるように、また地域が安泰であるようにと見守ってくれているのです。

このように、氏神様には古いご先祖様がいて私たちを見守ってくれているため、地元の神社は私たちにとってのパワースポットになります。神社にはご神木や巨石があり、「気」が集まっています。何よりも多くの人が「手を合わせる」場所なので、パワーも集まってくるのです。

わが家のお墓：　しかし、私たちにとって一番のパワースポットは、何といっても私たちの家の「お墓」です。先にも述べましたが、子や孫の幸せを願わない親や祖父母はいません。そして、子孫の幸せを願わないご先祖様もいないのです。私たちがお墓に行って、「ご先祖様、お参りにきました」と言うだけで、たとえ名前を名乗らなくても、ご先祖様はうれしいものです。子や孫が遊びに来たらうれしいのと同じことです。ご先祖様は私たちの幸せを願っていますから、「おばあちゃん、ひ孫が生まれたよ」「希望の学校に合格しました」というような幸せな報告は一番喜ばれます。拉致被害者の方たちが帰国したとき、すぐにお墓参りをしたことが報道されましたが、これは帰ったことをご先祖様に報告し、感謝の気持ちを伝えに行ったのです。何かに悩んだり困ったりしたときに、お墓に行ってご先祖様と対話して解決したという話もたくさん聞きます。後述する、いろいろなお墓に関するエピソードをお読みいただければ、お分かりになると思います。

7．葬儀は誰のため、何のためか

お葬式は人生の区切り‥　お葬式は、人生の区切りをつける行事です。「葬儀の義理が煩わしい」ということをよく聞きますが、義理だと思うから煩わしいのであって、葬儀に行ってご供養をしよう、残された家族の方を慰めよう、と思えば、行くことに何ら疑問も煩わしさも感じることはないでしょう。もし、煩わしいと思うなら、行かなければいいだけのことです。ご当家の方は来なかったからといって気にしていません。

それでは私たちはなぜお葬式をするのか、その意味について考えてみましょう。

家族が亡くなったときに病院にいられる時間はたいてい2時間から3時間です。その間に家に連れて帰るか、葬儀会館に行くかを考えて手配しなければなりません。自宅に連れて帰るならば、それから葬儀社を選択することも可能ですが、いずれにしても、どこで葬儀を営むのか、どのような葬儀をしたらいいのか、どれくらいの規模にするのか、会葬者は何人来るのか（特にこの部分が分からないので、人数の確実な小規模な葬儀を選ぶ例が多くなっています）、ご遺体を前にウロウロすることが多いように思います。そのため、今話題の「終活」を生前にしておこうということになるのですが、葬儀の規模やスタイルは遺族に任せればよいのではないでしょうか。また、日ごろから葬儀社の事前相談などを利用して葬儀社を身近にしておくのもいいでしょう。

しかし、重要なことは、葬儀は死者だけのものでなく、残された家族が気持ちの区切りをつける場であるということです。と同時に、葬儀は亡くなった人の通信簿です。というと語弊があるかもしれませんが、亡くなった人の生き様が分かるよい機会であるとともに、亡くなった人の影響をどれだけの人が受けたかが分かる場所だと思います。そして、家族が、亡くなった人の知らない面をいろいろ教えていただける場になるかもしれません。

家族葬への疑問：　今、「家族葬」や「直葬」と言われ、家族だけで他の人には知らせない葬儀が増えています。しかし、重ねて言いますが、葬儀は区切りをつける行事です。

これは遺族だけでなく、亡くなった人に関わりのあった人たちにとっても同じことなのです。遺族の知らないところで亡くなった人にお世話になった人、親しかった友人、一緒に過ごした地域の人など、その人に関わった人たちも遺族と同じように悲しいし、お別れをしたいのです。

葬儀屋さんのお話によりますと、事前相談で「家族葬」のことを聞く人が増えているそうです。家族葬という言葉だけは知っていても、内容がわからず確かめたいという人たちが多くなっています。葬儀屋さんは相談に答えるとき、「家族はどこまでですか？」と尋ねるそうです。するとほとんど「一緒に住んでいるのが家族でしょう」という返事が返ってくるそうです。そこで、「では叔父さんや叔母さん、親族は含みませんか？」と言うと、「含みますよ、家族です」と答えられるそうです。「ご近所はどうされますか？」と尋ねると、「近所はいいです」とおっしゃるのですが、「会葬に来られたら、お断りなさいますか？」と言うと、「来た人を断るわけにはいかないね」という話になり、「近所の人が一人来て、その隣の人が『あれ、貴方だけ行ったの？』ということになれば、まずくはないですか？」という話になります。家族葬の相談に来られる人は、金額が安く済むことを期待しているようですが、「参列者が少ないと、入ってくる香典も少ないですよ」と話しますと、一般葬を選ぶ人のほうが多いのが、地方の実情だそうです。

昨年、私は20回以上の葬儀に参列しました。そのなかには、母親、叔父が二人、親族が二人いました。親族の一人は従兄の息子でした。57歳で亡くなったのですが、亡くなった弟とは年が近かったので、子どものころ、弟は従兄の息子を、自分の弟のようにして接していました。亡くなる一週間前に「私に会いたい」という連絡をもらい、岡山から川崎の病院に会いに行きました。会ってみると苦しそうで、とても助かりそうにありませんでした。私は岡山に帰ると、仏壇のなかの弟に向かって「連れに来てくれ。あまりにもかわいそうだ」と拝んで頼みました。すると夜明けに「亡くなった」と連絡がありました。私たちに会って安心したのか、旅立っていきました。葬儀は1週間後の日曜日でした。通夜は、消防団の制服を着た人たちで一杯でした。制服と隊旗を展示していたので、彼が消防団でいかに活躍していたかがよく分かりました。翌日の葬儀にも再び大勢の消防団の人が来てくれ、改めて彼の人望と仲間の絆を感じさせられました。そして、彼の人生や人となりを改めて知ることにもなり、新たな感動を覚えました。親族代表で挨拶をさせていただきましたが、参列の方々を前に万感胸に迫り、感謝の言葉も出ませんでした。

葬儀とはそういうところだと思います。

8．お寺と私たちの関係

お寺は誰のものか‥

50年前の子供たちの遊び場はお寺でした。公園も広場もない地域では、本堂脇の広場が三角野球やかくれんぼの場所でした。ときには怒られ、ときには諭されましたが、お坊さんとの距離も近かったものです。そして、お坊さんは地域の中心的存在で、いろいろな相談に乗ったり、さまざまなもめごとを解決したりしていました。しかし最近、お寺と私たちとの距離が広がっているように感じます。

他方、マスコミには頻繁に「離檀料でもめた」という記事が掲載されています。撤去工事費用の実費や御魂抜きの読経に対するお布施を「離檀料」と呼んでいるお寺も多いものです。そのことを説明され、いわゆる足抜け料とは違い、当然に捻出すべきものと分かれば納得する人がほとんどです。また、ほんとうに足抜け料として数百万円を要求されるケースもありますが、その場合はほとぼりが冷めるまでしばらく遺骨はそのままにし、お位碑を供養しつづければ問題ありません。

また、これもマスコミで取り上げられているせいで、一般の人たちが、「お坊さんが来れば、やれ、法事だ、葬儀だ、盆や彼岸のお参りだといって、お金を取られることばかりだ」という感覚に陥ってしまい、「お坊さん＝お金」という図式ができあがっているように思われます。しかし本来、お寺は檀家のものであり、お坊さんは雇われて（請われて）いるだけの関係なのです。それがいつのころからか、お寺はお坊さんのものというように勘違いされるようになってしまったのです。これにはもう一つ、お寺との日常的な触れ合いが少なすぎることにも原因があるように思われます。

悩みの相談場所として‥　最近、新宗教に若い人たちが大勢入信しています。それはなぜかを考えてみる必要があると思います。人はいろいろな悩みを持っています。それを家族や友人に相談することもありますが、親しいがゆえに、かえって言いにくいということもあり、誰にも相談できないでいることも多いのです。すると、年代が近くて相談に乗ってくれる人ということを切り口にして、新宗教が入り込んでくるのです。本当なら、そういうときに相談の窓口になるべきはずの従来の宗教家が、本来の役目を果たしていないのではないでしょうか。悩みというものは、聞いてもらうだけで解消することがあります。そのことに気がついて活動をしている宗教家もいますが、まだまだ少ないのが現状です。

そんな現状に風穴を開けようとしているのが、フードロス消滅運動とお寺を結びつけた倉敷の「西阿知ふれあい広場」の活動です。これはお寺を舞台にして、お年寄りから小さい子どもまでが集まり、余った食料をうまく循環させ、フードロスをなくそうとするものです。と同時に、さまざまな専門家が悩みを持った人たちの話を聞く会にしようとしています。現在、お寺で野球をしたり、かくれんぼをしたりすることは勧めませんが、お寺は楽しい場所、行きたくなる場所だと思っていただけるように活動しています。お寺がかつてのように、家族や地域の絆を育み、コミュニケーションを交わす場になってほしいのです。そうすれば、こうした活動を通して、子どもたちは幼いころからお寺やお墓を身近に感じることができ、自然と感謝の気持ちが湧いてくることでしょう。私たち大人もお寺で過去や未来を語りあい、人々と交流することができれば、自ずと助け合いの精神を学ぶことになるでしょう。この活動が幸せな世の中につながっていくことを願っているのです。

９．真言宗のお坊さんの話

「拝む国」日本：

「拝む」ということは、時代背景の違いや年代によって考え方が大きく違います。特に世代間でのギャップが大きく、話をするのに困ることがよくあります。

日本を占領統治したＧＨＱは、戦後処理の過程で「拝む国」としての一致団結した精神的な強さを恐れ、政教分離ということで拝む教育を否定しました。その結果、神を奉って拝むという行為は忌み嫌われ、「拝まないでくれ」という時代になってしまいました。そのため拝むという意識が大きく変わって、拝むことより「生活すること」に一生懸命になり、戦後生まれの団塊の世代は拝むことを親の世代に任せてしまったのです。それまで、日本人は、文化的なことや技術的なことを含めて、さまざまなことを継承することを大切にしてきましたが、今や継承のスキルが落ちてしまっています。

日本はもともと神の国でしたが、仏教が入ってきてからも仏教と神道のバランスがうまくとれていました。江戸時代にお寺の檀家制度ができてからは、檀家という「株主」が何人もいて、お寺に聞けばその地域の人たちの所属が分かるという、いわゆる「マイナンバー制度」のように、お寺が人々を管理するようになりました。そして、このお寺の檀家制度は寺社奉行の一部として幕府の制度の中に取り込まれました。すると、お寺が勢力を持つようになり、政治に口出しするような坊主が増え、政府（藩や幕府）を脅かすようになっていきました。

ところが一転、明治になると、新政府によって廃仏毀釈が行われ、お寺はバッサリ切られてしまいました。お寺の政治的な勢力が削がれたまではよかったのですが、今度は神社とお寺のバランスが崩れ、両者の間に壁ができてしまいました。そして第二次世界大戦に負けたことから、両者に共通の拝むという行為自体も人々から切り離されてしまったのです。こうして拝むという行為がもっていた本来の意味もどんどん希薄になって、拝まなくても生活できるようになってしまったのです。

仏教の精神性‥　神様は、天候や災害など人間の力ではどうすることもできない分野のことを解決してくれるように拝むものです。他方、仏様は、考えかたとか対人関係とか人間が自分自身で解決できる問題に力を貸してくれるようにと拝むものです。したがって、人間が生きるためには、神様と仏様の両方を意識しないとだめなのです。

「神仏とは何か?」と聞くと、神様は拝むところで、いろいろお願いごとをするところ、仏様はお葬式で、末の処理（死に近い処理）をするところという答えが返ってきます。どちらも基本的には拝むのですが、祈る目的が異なりますから、どちらか一方を拝めばいいというわけではなく、どちらも私たちが生きるうえで必要な２本の柱で、自転車でいう両輪です。しかし、戦後、高度経済成長で何となくお金が入ってきてしまったため拝金主義に陥り、先祖神仏を拝むということが少なくなってしまいました。そのため、拝むという教育のバトンタッチをしてきていないのです。

今は夢を持ちづらい時代になり、精神を病んだ人たちが増えてきています。目標が定まらないために、どっちに行けばいいのか分からない人たちも増えています。そんななかで、神社に行こう、お寺に行こうという風潮が出てきたのです。御朱印帳を集めようとか、趣味の欄に神社仏閣めぐりと記す若者も増えてきています。ですから、以前よりは人々が拝むということに興味をもってくれるようにはなってきました。しかし、そういう拝むという意識をもつような人を増やすには時間がかかります。

他方、拝むということを伝えるお坊さんの側の意識も低く、まだまだ危機感がない人が多いように思えます。どちら側も私の代は大丈夫だからと自分の代のことしか考えず、次の世代がどうなるか考えていません。それを解消するには、伝える側が一般の人々の意識に近づいていかなければなりません。そして「なぜお墓を建てるのか」を話さないといけません。というのも一般の人はほとんど知らないからです。インターネットや本では見ますが、それはバーチャルの世界を見ているだけなのです。しかし、実際に墓地に行って古いお墓を見たら、必ず何か感じるものがあるはずです。お墓も建てることが大事なのではなく、建てた後の想像力が大切で、想像力がないと神様も仏様も感じることはできないし、何も見えてきません。目で見ることができるものだけが全てではないことを意識してものを見る習慣を養うと、世界が変わってきます。

「宇宙」を拝む：　そのことをよく分かっていた弘法大師は「宇宙」を拝めとおっしゃいました。しかし、宇宙そのものを見るのは難しいので、宇宙の代わりに「大日如来」という仏像を拝むことを勧めました。というのも仏像は宇宙を形にして表したものだからです。ですから仏像そのものが大切なのではなく、その背景にある「イマジネーション」が重要で、それを拝むことによって宇宙を感じとり、そこから私たちは幸せに生きるための力を授かることができるのです。

一方、お墓は「ここに先祖がいますよ」というフラッグで、お墓を前にして、その背後にあるものを自分たちがどうイメージするかが問いかけられるものです。その意味では、仏像と同じように拝むことによって、私たちの生きる力や幸せにつながるものなのですが、建てて終わりの人が多いように思います。

このように拝むという使命感が薄くなっている人たちの背景には、「何となく生きて、何となく一生が終わる」というような生き方があるのではないかと思います。こうした生き方は、自分だけではなく、自分の家族とか自分の周りにいる人を大切にするという意識も乏しくしています。しかし、「何をして生きていくのか」を考えて生きていかなければ、せっかく生まれてきた甲斐がありません。「何となく生きている」は「何もならない」ということです。「何のために生まれてきたのか」「何をしたいのか」を実感して生きるほうが体にも心にもいいのではないでしょうか。

こうした「何となく」という生き方から、「葬式はいらない」という考えが生じているように思います。それが、「何となく葬儀に参列」「何となくお墓参り」ということになり、さらには「すべてが面倒くさい」「葬儀もお墓もいらない」ということにつながっていくのだと思います。葬儀に参列するのも、お参りするのも主役は自分だと意識しなければ「いらない」になっていきます。自分も「いつか死ぬ」という意識で生きていくことが大切で、そう考えれば、「生きていてありがたい」「生かしてもらってもったいない」という意識が広がっていき、拝む気持ちも生まれてきます。

寺社の使命：　他方、お寺や神社の使命は、さまざまなイベントを行うことによって、お寺や神社の存在意義や、「拝む」ことの意味を人々に伝えること、そして「悩み相談」に乗ること、人々や物事の交流の場を提供することだと思います。お寺の敷居を下げて多くの人に来てもらい、話をしたり悩みを聞いたりして、地域をよくしていってもらいたいのです。できれば定期的に皆が集まる場にして、墓じまい、終活などという拝む行為をなくすような言葉を、もっとよい言葉に変えることが必要です。真言宗では、死んでも形が変わるだけで終わりではないので、墓じまいや終活という言葉はふさわしくありません。亡くなった方、弔う方の双方に思いが残っており、それを健全に育てていくためにお墓や仏壇が必要だと考えていますので、もっとよい言葉が欲しいのです。「終わりますよ」「終わりますよ」では、終わることに不安をもっている人には受け入れがたいでしょう。

言葉という点では、「家族葬」という言葉もよく分かりません。近年は、家族の意識の範囲が狭くなって「一緒に住んでいる人」だけを家族だと思っている人が多いように思います。しかし、家族には親族縁者がいて、またその人が関わった人たちもたくさんいます。そういう人たちを含めて故人の関係者が集まって、故人を送る場が葬儀であるはずです。それには葬儀の規模を広くしないと、家族では分からない関わりのあった人、もしかしたら一番伝えたかった人に伝わらない、ということが生じるかもしれません。故人の背景には、生きているあいだの人間関係が網の目のように張り巡らされ、絡み合っています。それを「家族葬」という形で切ってしまうのはよくありません。

10. 浄土真宗のお坊さんの話

私は、もともとはサラリーマンをしていました。しかし、勤めているときにストレスからうつ病になってしまい、3年間治療しながら自宅でじっとしていました。あるとき、お寺から電話があり「総代になってくれませんか？」と言われましたが、うつ病で仕事もしていないし、人の前に出ることも苦手だったので断りました。勤めに出ていた妻にその話をすると、「お父さん、話を聞きに行こう」と、お寺まで連れて行かれました。そして、話しているうちに総代でなく僧侶になってみたらと、お寺さんがおっしゃったのです。妻にも「このままではどうしようもなくなるので、僧侶になったら」と勧められ、軽い気持ちで僧侶になることになってしまいました。

僧侶になるには11日間の得度習礼の合宿に参加しなければなりません。しかし50歳近かった私は若い人についていけず、年配者には言い負かされ、地獄のような日々の連続でした。イヤイヤの毎日でしたが、何とか免状をいただきました。帰ってからは小僧のように、僧侶になることを勧めてくれた檀那寺の住職の後をついて歩いていましたが、年なのか性格なのか、一連の動作ができなくて、もう辞めようと思っていました。住職からは「いつかは一人で行ってもらうようになりますよ」と言われていましたが、ひと月もしないうちに「明日から○○家の法事に行ってこい」と言われました。足はガクガク、口は乾くで、何をしたのか、どこまでお経を読んだか分からないうちに終わってしまいました。自分では住職さんの真似をして一生懸命やったつもりでしたが、実際はどうだったのかは分かりません。それからは、住職の代わりをしたり、一緒に行ったりして慣れてきましたので、4年ぐらいたって独立を決心しました。住職さんには反対されてもめましたが、実際に独立することになったときには、後押ししてくれました。条件として出されたのは「月１回の法話会をすること」でした。

このように、うつ病だった私が、電話をもらってお寺に行ったことから坊主になったのは、住職との出会いがあったことと、妻の後押しがあったおかげです。

そして運がいいことに、もともと私がいたところは真言宗が多い地域でしたが、高度成長期に引っ越してきた人たちの多くが浄土真宗だったのです。おかげさまで10年で檀家が150軒になりました。

住職さんとの出会いと決断は、新たな檀家さんとの出会いに結びついたのです。あのとき決断しなければ、今の自分はないでしょう。

今まで、多くの葬儀に参列させていただいて私が感じるのは、「死んだ人の区切りは、納骨してひと段落」ということです。そして、法事を営んだり、お墓参りをしたりすれば、未来に向かっての意識が高まります。

【ちょっと一言】

私は、この住職さんのお話を伺って、ある考えが頭に浮かびました。私が関わっている障がい者就労施設にも多くのうつ病の方がいらっしゃいます。一度、このお坊さんのお話を聞いていただいて、立ち直るきっかけにならないかと思い、今、模索している最中です。

11. 結婚の挨拶で仏壇を拝んだわが娘

わが家の娘は、小学5年生のときから乗馬を習っています。馬も好きですが、北海道が大好きで、北海道の大学に進学してからは、ますます北海道が好きになり、大学でお世話になった先輩と卒業と同時に結婚することになりました。その話を聞いたときに、私たち夫婦は大変驚きました。自立心の強い娘なので、内心「こいつを制御できる男がいるのだろうか」と心配していましたが、良縁に恵まれたものです。

結婚の挨拶に相手の家に行くというので、私は「挨拶をしたら、一番に仏壇に手を合わせるように」とアドバイスしておきました。挨拶をすませたあと、「お仏壇を拝ませてください」と言ったところ、相手の両親はびっくりして遠慮していたそうですが、たってとお願いして手を合わせたそうです。といっても念仏を唱えるわけでもなんでもなく、単に手を合わせ、線香を立て、鐘を鳴らしただけなのですが……。その後、相手のご両親がわが家にいらしたときに、「素晴らしい教育をなさっていますね」とお褒めに与りました。子どものときから、ひいおばあちゃんが毎日仏壇を拝んでいるのを見ていたことで、自分もこの家に嫁ぐのだという覚悟で、そういう行いが自然にできたのだと思います。お墓が近くにあればお墓に参ったかもしれませんが、先祖を大切にする気持ちと、この家の嫁になるという気持ちは相手に十分伝わったようです。

親が子どもに願うことは何でしょうか？　勉強ができること、金持ちになること、偉くなることでしょうか。私は子どもが生まれたときに、私の祖父から「手を出すな、目を離すな」ということを心にとめるように言われました。「目を離してはいけないけれども、自立させろ」ということだと思い、自分のことは自分でする、そして責任を持つというように見守りながら育てました。

どんな人になってほしいかというのは、いろいろあると思いますが、私の家族は、元気で明るく好かれる人になってほしいと思って育てました。人に好かれるには、「いたわりの心」が必要だと思います。いたわりの心というのは、感謝から出てくるのではないでしょうか。先祖への感謝、親への感謝、周りへの感謝です。「少しだけでいいから尊敬される人」になる努力をしていきたいものです。しかし、先祖を大切にしない人を尊敬できるでしょうか。私も子どもたちも「少しでも尊敬される人」になりたいと思っています。

また、わが家の長男が結婚するとき、お嫁さんが挨拶にみえたときも、一番に「仏壇にお参りしてください」とお願いしました。快くお参りしてくれた嫁候補を見て、私たち夫婦も私の両親もこの子なら安心だと感じました。先祖を敬う気持ちは感謝の気持ちです。感謝の心があれば家族関係もうまくいくし、人も寄ってきます。人が寄ってくれば、お金も情報も寄ってくるのです。

第4章

お墓参りを楽しいイベントに

最近、「お墓参りは面倒くさい」ということを聞くことがあります。「お墓に行くのが億劫だ」とか「お墓の手入れが煩わしい」とも。そんな気持ちを振り払い、お墓の前に立ってみましょう。手を合わせて拝んでみましょう。きっとお墓の住人たちは私たちを歓迎し、祝福し、そして幸せをもたらしてくれるはずです。それには、まず「お墓参り」することが重要です。「お墓参り」を苦ではなく楽にするには、どうすればいいのでしょうか。

1．お墓参りの12のエピソード

私たち「お墓参り委員会」のところには、業界仲間の人たちや定期刊行物へのコメントなどを通して、お墓やお墓参りに関するエピソードがいろいろ寄せられています。私たちが経験したことも含め、それらのなかから幾つか興味深いものをご紹介したいと思います。

①ご先祖の供養を欠かさない、８００年続く饅頭屋さん（投稿＝著者）

私の知人に、倉敷市に８００年続く「藤戸饅頭本舗」という饅頭屋さんがあります。日本経済新聞にも取りあげられ、関西以西で一番歴史のある企業として紹介されました。この地域は源平合戦のときに戦場となり、源氏方の佐々木盛綱が浅瀬を渡って平家を撃ち破ったという藤戸の合戦があった場所です。そのとき、盛綱は浅瀬の場所を平家方に知られては困ると思い、案内してくれた若い漁師を殺してしまいました。漁師の母親が「佐々木が憎い、佐々木が憎い」と言って笹を刈ったことから、笹が生えなくなったという「笹なし山」の伝説が生まれて、『藤戸』という能の演目にもなっています。佐々木盛綱が殺した漁師を弔うため古刹の藤戸寺で法要をしたときに、近隣の民家が饅頭を作ってお供えしたのが「藤戸饅頭」の始まりと言われ、そのときの饅頭屋が藤戸饅頭本舗の元だそうです。ちなみに創業は１１８４年です。

古い歴史のある場所で８００年も商売を続けてきた藤戸饅頭の社長は、実は私の高校の同級生です。歴史のある家なので、お墓もたくさんあって大変だそうですが、お墓参りを欠かさないそうです。長く社業が続いた理由のなかに「お墓を大切にして先祖供養を欠かさないこと」というのがあるそうです。

②お金を惜しまず、後世に残る立派なお墓を建てたい（投稿＝石材業Kさん・岡山）

ある会社の管理する霊園を購入されて10年後にお墓を建てられた方のお話です。墓地を購入されたときは「小さいお墓でよい」という考え方が広がっていた時代で、当社で30人程度の家族葬を施行させていただきました。葬儀後の当社からの請求は「42万円」という金額です。家族葬でも当時は１００万円以上かける人も多数いらっしゃったので、このご家族の葬儀費用の低さは際立っていました。このときの家族葬は、今や当たり前になってきている「葬儀はシンプルでよい」という考えの走りのようなものでしたが、大きく違っていることが二つありました。一つは、お寺からいただく「戒名」で、「院居士（院大姉）」という、高位の戒名をいただき、お布施もはずんだことでした。二つめは、「お墓」です。最高級といわれる庵治石《あじ》を希望され、７００万円という、お葬式の15倍もの予算を用意されたのです。お墓に費用をかける理由は、「自分たちが、子や孫に残せるものはお墓ぐらいでしょう。子孫に残るものにはお金を惜しみたくないのです」とおっしゃられ、希望どおりのお墓を建てられました。

【ちょっと一言】

お墓はなぜ石でできているのでしょうか。それは、いつまでも変わらない姿や美しさを維持できるからです。時代が変わっても、家族の形態が変化しても、ご先祖様は形が変わることのない墓石のなかで、いつまでも私たちを見守ってくれ、そして私たちを待っていてくれることでしょう。

③タバコとビールのお墓参り（投稿＝石材業Ｆさん・京都）

私が出入りさせていただいている境内墓地で、ある日の11時ごろのこと、ババッバーンと爆音を響かせ、若い男性がバイクに乗って、施工中の墓地のちょうど上のお墓に来ました。正直、なんて大きい音かと思いましたが、私もバイクに乗っていたことがあるので、あの割れるような音が心地よいことも知っています。それにしても、お寺のお墓の傍で大きな音をたてなくても、と思いました。

彼はヘルメットをはずして、こちらにやって来ると、「火を貸してもらえませんか？」と言いました。親方がライターを渡すと、彼は自分のタバコに火をつけました。墓地で喫煙？　と思いましたが、彼は一服すると自分の口にくわえたタバコの火で、もう一本のタバコに火をつけました。そして、プシュッとビール缶を開けて、プルタブに火のついたタバコを上手にひっかけ、お墓の上にそっと置きました。そして、物置台に腰かけて、お墓に置いたタバコと同じように自分のタバコを吹かし、しばし物思いにふけっていました。男性は自分のタバコを喫い終わると、お墓の前にワンカートンのタバコの箱をそのまま供えて帰りました。花でもなく、ろうそくや香でもなく、ビールとタバコを持っての墓参。霊標を見てみると、21歳で亡くなった男性の戒名が刻まれていました。バイク仲間だったのかな、と拝察しましたが、真実は分かりません。お墓参りに来た男性が、「お前もタバコ、吸うやろ?」「ビール飲むか? 飲むやろ?」「バイク乗ってきたで」とお墓に話しかけているようで、こちらまで目頭が熱くなり、涙がこぼれそうになりました。お墓参りを終えた男性は、また爆音を響かせて墓地の境内を降りて行きました。

お墓に、ホットコーヒーをお供えする人は、今までも見かけたことはありますが、タバコに火をつけて、お供えする人には初めてお会いしました。男性は、何も語らず、ただタバコを吸って、手を合わせることもなく帰りましたが、このお墓に来て故人の魂と一緒にタバコを吸いたかったんやろうなあ、と感じました。このことからもお分かりのように、亡くなった人がいると思うから、その魂が眠るお墓に会いに行きたくなるのです。それがお墓の役割なのだと思います。バイクのお兄さん、素敵な光景に出会わせていただいて、ありがとうございました。

④母と娘二人の話し合いで「納骨堂よりお墓を」（投稿＝葬祭業Aさん・岡山）

岡山市内にご主人（60代後半）と奥様、嫁がれた二人の娘さんの４人家族がいらっしゃいましたが、ご主人が亡くなられました。弊社へお葬式のご依頼をいただいたので、葬儀の打ち合わせにご自宅へ伺いました。奥様と娘さんお二人が揃っての打ち合わせでした。打ち合わせのなかで、お骨壷の話になったとき、奥様が「うちは墓地だけはあるんですが、娘二人に墓守りをさせられないので、骨壷は小さめにして、納骨堂に納めることを考えています」とおっしゃいました。すると長女の方が「ちょっとお母さん、何を勝手に決めているの？　お父さん、お母さんに手を合わせることぐらいは私たちもしたいわ。落ち着いたら、小さくていいからお墓を建てることを考えようよ」と。お母様もハッとしたのか、「そうよね、そうだよね。あんたたちに聞いてから決めないといけなかったね。ありがとうね」とおっしゃって、これから一人で生活する寂しさと娘たちがいるという嬉しさが交錯されたのか、涙を流していらっしゃいました。

【ちょっと一言】

喪主や喪主に関係する方たちが、はじめから諦めに近い形で、お墓は持てない、納骨堂や合祀墓しかないという結論を持たれていることも少なくありません。「諦める理由が何なのか」ぐらいは葬儀社レベルで伺うことができます。私たちはマスコミが主導する「独りよがりな終活」を、まずは「家族皆で考える終活」にしていただきたいのです。これこそが地方都市における理想の終活の形かと思います。

⑤墓石屋さんに相談する人々（投稿＝石材業Mさん・千葉）

公営墓地のすぐ脇にある石材店さんから聞いたお話です。お墓参りのたびに、その石屋へ電話で「何月何日にお参りに行きたいんだけど、その日はWさんいますか？」と聞いてくれる人がいっぱいいるのだそうです。店先にちょっとしたお茶の飲めるスペースがありますが、そこで1時間も2時間も話していく人がザラにいると。

そのWさんという担当者は親身に相談に乗るので人気者になっていて、お墓のことだけでなくお寺との関係や相続のことまで、いろいろと相談されるのだそうです。自分ひとりでは解決できないことも多いからと、ライフエンディング研究会という、士業の人や医師、カウンセラーなど終活分野の人が集まる勉強会に、毎月顔を出しているのだそうです。

私たちの委員会周辺には、このように「一般のかたが、ご供養のことをなんでも相談していく」という石屋がほかにも何人もいます。石屋なんて商売のことしか考えていないだろう、と諦めてしまわず、まずは聞いてみることと思います。少なくとも石材店の人は、「ご供養をしたからよかった」というエピソードを一般市民の皆さんよりもたくさん知っているのですから、「なぜ、お金をかけても供養をしたほうがよいのか？」という素朴な疑問には答えられるはずなのです。

昔は、菩提寺の僧侶がこうした〝なんでも相談役〟になっていたと思うのですが、お寺との距離が開いてしまってからは、お墓の近くの石屋さんがサロンになる場合もあります。またこうした熱意ある人を育てていくのも、お一人おひとりの相談者なのです。ご供養のことで心配ごとがあるなら、石材店やお寺へ積極的に質問・相談してみることを強くお勧めします。

【ちょっと一言】

お墓は仏教だけのものではありません、神道もキリスト教もお墓を建てます。キリスト教では教会の集合墓が多いようです。また、神道の墓はRがなく、切りっぱなしか四角錐のようにとがっています。

⑥5歳児が描いたお墓参りの絵本（投稿＝40歳代の一般のかた）

「パパ〜、絵本ができたよ〜」。夜、自宅のリビングでくつろいでいると、隣の部屋で一生懸命に画用紙に何かを描いていた5歳になる息子の元気な声が聞こえてきました。どうやら絵本が描きあがったようで、できあがった満足感からか声も大きくなったようです。子どもって絵を描くのが好きですよね。うちの息子もご多分にもれず、毎日のように、クレヨンや色鉛筆で画用紙いっぱいに絵を描いています。子どもの絵って、本人にしか分からないような、ストーリー性を含んでいたりします。「この絵は何なの？」と聞いてみると、思ってもみないような想像力豊かな答えが返ってきたりして、感心させられることもあります。「どれどれ、見せてみな」と言って見てみると、骸骨やら骨が描いてあって、パッと見にはおどろおどろしい絵です。絵本は全部で5ページで、ストーリーは以下のようなものです。

１枚目は、表紙（骸骨と骨と血の絵）、２枚目は、お母さんと子どもが一緒に遊んでいるところ（笑顔の親子の絵）、３枚目は、お母さんが亡くなってしまうところ（顔と血を流す描写の絵）、４枚目は、お母さんがお墓に入るところ（お墓の絵）、５枚目は、子どもが悲しくて泣いてしまうところ（泣いている子どもの顔の絵）でした。５歳児の描く絵なので、最初は見てもよく分からなかったりします。そこで1ページごとに、「これは何の絵なの？　どういう意味なの？」と質問をしながら聞いていきました。息子は、たった今描き終わったばかりの絵に詰め込んだ想いを私に伝えてくれました。しかし驚きました。ママが亡くなってお墓に入って悲しむという衝撃のストーリーで、思ってもみない悲しくて切ない内容だったからです。親である私の胸がドキッとしました。ほんと、子どもの想像力と感受性って豊かですよね。子どもと一緒に親も育つとは言いますが、親として考えさせられました。

それにしてもなぜ、息子はこのような絵本を描いたのでしょう？　それには、きっかけがありました。実は昼間、お墓参りに行っていたのです。その日は、息子と二人でお墓に行き、お墓をお掃除して、お花を添えて、お参りをしました。私の家のお墓は自宅から１

キロメートルぐらいの、ごく近いところにあり、よく息子も連れてお参りしています。昨年、私の祖母、息子にとっては曾祖母が亡くなっています。その祖母が亡くなり、葬儀が行われ、火葬され、お墓に埋葬されていくなかで、息子は不思議そうにしていました。たぶん、いまひとつ人の死というものが分かっていなかったのだと思います。私はそのとき、一連の流れのなかで、できる限り息子に説明をしてあげました。「大おばあちゃんは亡くなったんだよ」、「火葬してお骨にしてお墓に埋葬するんだよ」と。理解は難しいかもしれませんが、親として息子に少しでも死について感じてほしかったからです。そんなこともあったので、お墓には何か特別なものを感じていたようです。「お墓のなかに大おばあちゃんがいるの？　骨だけなの？」「そうだよ、Y君（息子の名前）も大おばあちゃんが火葬場で焼かれて骨になったのを見てるだろ？」「ふーん……」と少し不思議そうです。そして「大おばあちゃんは、Y君が可愛くて、お墓のなかから、ずっと見守ってくれてるんだよ」「そうなんだ、大おじいちゃんも骨なの？」「そうだよ、Y君は会ったことがないけど、大おじいちゃんもお墓に眠っていて、Y君を見守っているんだよ」「ふーん……」と、少しお骨が気になるようです。こんなやり取りを通じて、息子は何を感じているのでしょう。人間が死んで骨になる、この事実を小さな胸のなかでどのように捉えてるのでしょうか。

私は、墓誌に刻んである名前を指さしました。「ほら、ここに大おじいちゃんと大おばあちゃんの名前と戒名が彫ってあるでしょ？　お墓に入っているご先祖様の名前と戒名をここに彫っていくんだよ」「みんな骨なの？」「そうだね。みんな骨になってお墓のなかに入っているんだよ」「ふーん……」。

このときは、他愛のない会話だと思っていましたが、子どもながらに、何か感じていたものがあったようです。そして、夜になって一生懸命お墓の絵本を描いて持ってきたのです。何度も繰り返しになってしまいますが、子どもの感受性は本当に素晴らしいと感じました。

子どもにとって、人の死はなかなか理解しにくいものですが、息子は命の大切さを自分なりに理解して、絵本として表現したのです。お墓の絵本を描いた息子の様子を見て、お墓参りから学んでくれているものがある、お墓参りは命の教育になるのだということを実感しました。息子はパパの後にママにも絵本を見せにいきました。「ママ～、この絵本見て～」「どれどれ、えっ？　ママが骨になっちゃったの？」「わーん、嫌だ～（泣く）、ママ～」「だいじょうぶよ、ママは生きてるから（笑）」。

⑦8歳の次女は「お墓必要派」（投稿＝石材業Mさん・千葉）

昨日は次女と、録りっぱなしで観ていないテレビ番組の録画を整理をしていました。去年の10月にＮＨＫで放送された『「所さん！　大変ですよ」～お墓の大問題』をまだ観てないなあ、ま、いっか、と消去しようとしたところ、なぜか8歳の次女が「観たい！　観たい！」と言いだしました。内容的には結局のところ、墓じまいをする人が増えている、墓を持たない人が増えている、というようなものでしたが、それを観た次女がこんなことを言いだしました。

「ママのお墓はどこにするの？」「う～ん、本当は、トト（主人）の田舎の出雲にあるお墓になるんやけど……。どうしよかな。う～ん…、〇〇ちゃんは、どうするのがいいと思う？」「いずもって、おばあちゃんちのこと？　遠いからイヤやなあ。もっと近くにいてほしい。ママのおじいちゃん、おばあちゃんのお墓は？　そこにしたら？　そこやったら、ときどきお参りに行けるから、そこがいい」とのこと。「ママのおじいちゃん、おばあちゃんのお墓」つまり私の両親のお墓は、うちから車で30分ほどのところにある菩提寺の境内にあります（大阪のオバチャンが大好きな「一心寺さん」のすぐ近所です。一心寺さんは昔から、宗派を問わず、無縁仏などを埋葬（合祀）してくれる大きなお寺様です）。私は嫁いでいる身なので、本来であればそこではなく、出雲のお墓になるはずです。しかし、主人のご先祖様方にははなはだ申し訳ないことなのですが、出雲のお墓に入るというのは、正直、気が進みませんでした。そのころテレビ画面では、お墓を持たないという選択肢について話し合われていたので、「ママのお骨、お空に飛ばすとか、海に撒くとかはどう？」って聞いたら、「絶対にいやよ～、お墓ないといやよ～、会いに行って手を合わせてお話ししたいもん」と言うのです。どうやら次女は今のところ、お墓必要派のようです。

そんなやり取りをしていて、つくづく感じたのですが、「残された者に迷惑云々……」と言って、親がちゃっちゃとお墓を畳んでしまったりするけれども、それで本当によいのだろうか、と。お葬式やお墓、供養などというものは、残された者のためにあると言っても過言ではないような気がします。死にゆく者がどうしたい、こうしたいということも当然あるとは思うのですが、残される者の希望こそが、優先されるべきなのではないだろうか、と。

もちろん今は８歳の次女も、将来お墓のことをどう思うかは分かりません。しかし、少なくとも今の段階で、娘が「お墓は残しておいてね」「私がおばあちゃんになって、そのころママが死んじゃっても、お墓に会いに行きたいよ」って言ってくれているのなら、「そうだね、そうしようね」って言ってあげたいと思うのです。

【ちょっと一言】

墓じまいが流行っているように見える今日このごろですが、「お友だちの誰々さんがやったから」とか、「テレビでやってたから、うちもそろそろ」なんていうノリで決めてしまうのではなくて、まずはじっくり考え、ご家族で話し合うキッカケにしていただけたら、一番よいかなと思います。

⑧思いを込めてお墓を作る、100歳のお墓観（投稿＝ビル管理業Mさん・東京）

私は、今年100歳になる大正生まれの老人です。満州で軍隊生活を6年送り、シベリアに4年間、抑留されていました。帰国後、東京の新宿に帰還して妻の家族と一緒に商売を始めました。商売が順調にいきだしたので、下落合の薬王院に墓地を求めました。昭和30年代の前半で金額は坪3万円だったと思います。4坪買ったので12万円でした。その12万円は、私がタバコを止めて積み立てたお金でした。煙になるものが、代々残る墓地に生まれ変わったわけです。

次に墓石ですが、昭和37年に義父が亡くなったので、さっそく必要になりました。取引先が、石屋さんを紹介してくれて、お任せして建ててもらいました。その後、時代に乗って商売はとんとん拍子に広がり、今では、新宿区に２棟、練馬区に１棟のマンションを持てるまでになりました。

墓石は、人の目につくものです。人は世代変わりしますが、お墓は変わりません。子孫が成功しても、他の人がわが家のお墓を見たとき、「あそこの先祖は、まずまずの生活をしていたんだなあ」と思ってもらえるお墓を作っておくことは、私の責任だと思って建立しました。若い孫やひ孫もお墓に負けないように頑張ってほしいと思います。そして、シベリアから帰ったときは夫婦２人でしたが、子どもが４人できて、孫が10人、ひ孫が16人の大家族になったのも、お墓に思いを込めた「おかげ」かと思っています。

⑨施主自身がお墓づくりに参加する（投稿＝墓石デザイナーＵさん・東京）

以下はＢさんという方のお墓作りについてのお話です。

この方の郷里は山梨で、そこの野墓地からお墓を改葬して東京の霊園に移したいということで、私に相談がありました。野墓地の写真を撮っていて、それを見ても大変懐かしんでいる様子がうかがわれましたので、「この郷里のお墓を墓石に刻みませんか」と提案しました。そして「写真よりは線画にしたほうがより趣が出ると思います」と伝え、それを図面に起こしてプレゼンしたところ、とても気に入っていただくことができました。

郷里の野墓地の線画イラストを墓誌の裏面に刻んだお施主・Kさんのお墓は、平成29年12月に建立されました。Bさんは、この線画イラストのことは子どもたちには内緒にしていたそうです。正月に家族が集まったときに、みんなでお墓参りに行き、そこでお披露目したいからだとのことでした。郷里のお墓を改葬しても、新しいお墓にその姿が残る、お墓のなかにお墓の歴史が刻まれることになったわけです。

実はBさんは納骨堂も選択肢に入れていらっしゃいました。しかしながら、納骨堂ではこうした形で郷里のお墓のイメージを残すことはできませんし、お施主様ご自身がお墓作りに参加することもできません。自分自身がお墓作りを楽しむことによって、お墓に対する価値観が変わったのだと思います。お墓というモノ以上に、お墓作りというコトを楽しめることが、お墓の価値を高めてくれたのだと思います。

【ちょっと一言】

Ｕさんが施主の方にお話したのは、「先祖を大切にしましょう」という言葉ではなく、「１００年、２００年とつないでいきましょう」という言葉だったといいます。命のバトン同様、お墓を１００年、２００年つなげていくことは、子々孫々の繁栄と幸せをつなげていくことでもあります。きっとＵさんも、そう願ってらしたのではないでしょうか。

⑩墓石に家族のイラストを刻む（投稿＝霊園業者Ｕさん・東京）

Ｋさんというお施主様のお墓作りでは、墓石に彫刻するためのイラストを描いていただきました。「こういうこともできます」といろいろな提案をさせていただくと、「お墓というものは三つぐらいのデザインのなかから選ぶものだと思っていました」と驚かれました。その奥様はご主人を亡くされたのが20年以上前で、一人でお子さんを育ててこられた方だったのですが、お子さんたちもそれぞれ家庭を持つようになり、お墓作りのことを考えるようになったようでした。

奥様が描かれたイラストというのは、家族10人が手をつないでいる姿です。おそらく亡くなったご主人に現在の家族の姿を見てもらいたかったのではないでしょうか。そんなふうに思われる家族のシルエットです。墓碑銘には家名ではなく「和」という言葉が刻まれています。この文字は奥様の娘さんに書いていただいたものです。せっかくなので落款印も作っていただき、書のかすれ具合も表現できるように梨彫りで仕上げました。また、イラストの右下にK Familyと筆記体で彫られていますが、こちらは娘さんの旦那様に書いていただいたもので、家族みんなで作りあげたお墓となりました。奥様はお墓が完成するのをとても楽しみにされていて、開眼式の前に見にこられていました。

弊社では、文字をお施主様に書いていただく提案を積極的に行っています。墓碑銘をご自身の手で書いていただくことは、お墓作りに参加しやすく、また、とても大切なことだと思うからです。キーワードは「100年、200年つなぐ」ということで、この「つなぐ」ということの意味をお施主様に理解していただければ、お墓づくりに込める想いも違ってきますし、石だからこそ残せるということの意味も重みを持ってくると思います。

⑪祖母のために「大島石の勾魂」を創ったS君（投稿=石材加工業Yさん・岡山）

以下は、漫才師の千鳥大悟のふるさと北木島で、お墓の石を勾玉に加工している会社の方から伺ったお話です（この会社では、勾玉を「勾魂」と表記しています）。

あるとき、Ｓ君がやってきて、私にこんなことを言いました。

Ｓ君：「おじちゃん、勾魂を創ってほしいんですけど……。勾魂、家のお墓と同じ石でできますか？」

私：「Ｓ君の家のお墓は何の石だったかなあ。墓地に行って確認するね」

Ｓ君：「おばあちゃんにプレゼントしたいんです。おばあちゃん、いつも『墓参りに行きたい、行きたい』と言っていたので、お墓と同じ石だとすごく喜ぶと思うので、お願いします」

私：「よし、わかった。墓に行って石を確認したら精一杯心を込めて創るよ」

Ｓ君のご両親（郷土の大先輩）とおばあちゃんは、今から10数年も前になると思いますが、弊社と同じ業界で同じ職業を家業として北木島で生活していました。Ｓ君と私の息子たちも友だち同士でした。当時は石材業界が不況に陥っていたときで、Ｓ君の家族の会社もその不況の煽りを受けました。そしてある日、突然会社を閉めて家族みんなで引っ越して行きました。いろいろと事情はあったと思いますが、子どものS君には何も関係のないことなので、私たちは、その後もときどき会っていました。S君の仕事が車関係だったので、車の面ではときどきお世話になっていました。もちろん、彼の成績アップにつながればよいと思っていましたが、逆にS君に特別よくサービスしてもらっていたので、かえって申し訳なく思っていました。

厳しい石材業界のなか弊社も同じく、苦しい日々というのが現実です。家族で力を合わせてがんばってはいるものの、いつ会社を続けられなくなるか分かりません。

それでも、この北木島には残りたい、家族で暮らしたいという気持ちでいっぱいです。たぶん、S君たちも同じ思いだったと思います。私はS君に会うたびに「島に遊びに帰っておいで！」「墓参りに帰っておいで！」「お盆に帰っておいで！」「祭りに帰っておいで！」と言っていました。

そんなある日のこと、「おじちゃん、墓参りに来たので、おじちゃんの好きなビール持ってきたよ」とS君がやってきました。「今日は弟家族と一緒に来たよ」と、二家族大人数の顔を見せてくれました。このときは2度目のわが家への訪問でした。最初の訪問のときは、息子たちとは会えましたが、私は出張で残念ながら会えませんでした。しかし、私にお土産のビールを置いていってくれました。ですから、今度は気兼ねなく北木島の幼なじみと一緒に顔を合わせ、昔話に花を咲かせ、飲み明かし、神輿を担ぎ、故郷の思い出を満喫してもらえる日が来るのを願っていたのです。嬉しかったですね、この再度の訪問は。

Ｓ君と私たち家族のあいだにはそんな経緯があったのですが、勾魂の依頼を受けることになったのは嬉しい驚きでした。

依頼を受けてから、数日、いや数か月はたったかもしれません。長男がまた車検の件でお世話になるため彼に会うと言うので、勾魂を届けてもらおうと思いたちました。そこで完成した「大島石の勾魂」を持って、彼の家のお墓にお参りして報告をしました。そして「素晴らしい、優しいお孫さんですね、よい子孫をお持ちになりましたね」と心の底からそう思い、お墓にご報告しました。

私は今、こんなに優しいＳ君のおばあちゃんへの思いを形に表わし、おばあちゃんのお墓参りをしたいという気持ちに応えられる日が来たことに感謝しています。大島石の勾魂を大島石のお墓にお供えし、いきさつをご報告しましたし、写真を彼のＬＩＮＥにも何枚も送信しました。届けた長男は彼から花代を預かり、当家とその日が親戚の法事だったので、そちらのお墓へもお花を供えました。

S君の母方の祖母も彼らと一緒に北木島を離れていましたが、亡くなられたことを私は知りませんでした。事情があっておばあちゃんの法事にも参列が叶わなかったのかと思うと……。しかし、この勾魂を創らせていただいたことで、ご供養できたと思い、私の気持ちも少しは慰められた気がしました。そんな思いを込めて創らせていただいた勾魂だったと思います。S君ご一家には、これから先も、故郷北木島へちょくちょく帰ってきてほしいと思います。

⑫故郷山口県のお墓を埼玉県へ移転する（投稿＝石材卸業Mさん・埼玉）

私のおじいちゃんとおばあちゃんは、山口県の出身です。おじいちゃんの仕事の関係で二人は関東に引っ越し、のちに埼玉県で会社を創業しました。私たち家族は今、その会社を継いで働いています。おじいちゃんは14年前に亡くなり、埼玉に作ったお墓と故郷の山口のお墓に入りました。山口にあるお墓は、山口に住んでいるおばさんが、長いこと面倒をみてくれていました。そのおばさんも高齢となったことで、将来のことを考えた父は、山口のお墓を片づけて、先祖の遺骨を埼玉のお墓に持ってきたいと考えていたそうです。

あとで母から聞いた話では、おじいちゃんもそう思っていたけれど、親戚への遠慮があってできなかったそうです。

去年、おばあちゃんが亡くなりましたが、おばあちゃんの遺骨は分骨せずに埼玉のお墓に納骨しました。そのとき父から「山口のお墓を片づけようと思うけれど、どうだろう」と相談がありました。私はどうしたらいいのか分かりませんでした。山口のお墓をなくしてしまうのは胸が痛いし、埼玉にゆかりのない先祖の遺骨を山口から持ってくるのは忍びないし、お墓の移転によって自分のルーツとの縁がなくなってしまうのは寂しいし、ほかに何かよい方法はないものかと悩みました。時間をかけて、周りの人たちの意見を聞いてみたり、親子で意見を出し合ったりしました。なかなか罪悪感が拭えないため、すっきりとした気持ちにはなれませんでしたが、結局、山口のお墓を片づけ、遺骨を埼玉に持ってくることになりました。

魂抜きのため、久しぶりに山口のお墓に行きました。親戚のおばさんが「もうここに来るのも最後だ。来られてよかった」と言っていたこと、「生前ひいおばあちゃんは、このお墓の場所は自分が生まれ育った村の山が見える方向にあるから、とても気に入っていたよ」と言っていたことが印象に残りました。

はたしてこれでよかったのかどうか、いまだに分かりませんが、先祖の遺骨も入った埼玉のお墓を大切にしていこう、そしておじいちゃんとおばあちゃんの故郷である山口に対する思いも大切にしていこうと思いました。しかし、そのとき感じた切なさ、愛しさ、そして心強さは忘れることができません。

2. お墓や仏事に人が集まる意味

親睦の場：先日、わが家の母の葬儀をしました。わが家では親族が多く、参列してくれた親族だけでも50人以上でした。大変にぎやかな葬儀でした。東京のある親戚同士の仲が悪くて困っていましたが、帰りの新幹線のなかで何十年かぶりにゆっくり話してわだかまりが取れたそうで、母親の葬儀をしなかったら今でも仲が悪いままだったかもしれないと感じました。高齢で元気かどうか心配していた叔父さんも参列してくれましたが、「がんなので法事には来られないかもしれんが、勘弁してな」と言われ、「元気な顔を次に会ったときも見られたらいいなあ」と従兄と話しました。しかし、残念ながら半年後に亡くなりました。昔は子どもの誕生会などで親族一同が集まっていましたが、少子化で祝いごとが減り、このような祝いごともこじんまりとしたものになって、親族が多く集まるのも葬儀や法事に限られてきました。先日、私が母の実家の法事にオープンカーで参列して、高校生と中学生の従妹の子どもを乗せてあげたところ、とても喜んでいました。それまで私は彼らと顔は合わせても話をしたことがなかったのですが、その次に会ったときには、親しげに挨拶とお礼を言ってくれました。

情報が集まる場‥　人が集まれば、いろいろな情報が入ってきます。若い人と話す機会もできますし、年寄りの話も聞けます。私が印象に残っているのは、40年近く前に弟が亡くなったときのお通夜の席のことです。戦争に行った話になったとき、ある親戚のおじさんが「満州で行進していたら、疲れているので眠くなるんだ。一見、起きて一生懸命歩いているように見えても、実は寝ながら行進していて、曲がり角に来ると田んぼや川にそのまま落ちてしまう人たちがたくさんいた」という話をしました。それを聞いて、「極限状態なら、歩きながらでも寝てしまうんだなあ」と感じて、「軍隊ってすごいなあ」と思い、親世代は大変な経験をしていることを思い知らされました。他にも、もっともっと悲惨な場面の話や、シベリア抑留の話など、戦争に行った人たちの生の声を聞けたのも人が集まるからこそ、そして身内だからこそ本音の話が聞けたのだと思います。

そして、このような場所では先祖の話がよく出てきます。戦争中、わが家には5家族が疎開して暮らしていたこと、私の祖父が町会議員をしていたこと、将棋の大山永世名人を大阪に弟子入りに連れて行ったことなどを聞き、少しだけですが、祖父を誇りに思う気持ちが湧いてきて、「こういう家族に囲まれているんだな」と感慨深く思いました。楽しい話も悲しい話も、身内から直接聞くと、ネットや本で読むよりも身につまされます。

このように、人が集まればさまざまな情報が集まります。情報が集まれば、人を紹介してくれることもあるなど付き合いの場が広がり、お金も寄って来る可能性があるのです。

3．墓じまいの実態

4種類の墓じまい：この数年、「墓じまい」という言葉がマスコミで喧伝されています。

前項でも述べたように、過疎化や少子化でお墓を移転、改修、撤去する人が増えているのは確かです。しかし、本当にお墓を撤去してお骨を納骨堂などにどんどん移しているかというと、そうでもありません。マスコミの言う「墓じまい」を分析してみると、①移転、

②改葬、③撤去、④無縁墓の撤去、の４種類に分けられるように思います。
①の「移転」は、住居の移転に伴い、お墓を今まであった場所から新しい場所に持っていくか、または新しい場所にお墓を建ててお骨を移動することです。
②の「改葬」は、今までの夫婦墓を先祖墓などに改葬したり、古いお墓を何本かまとめて新しく建て直したりすることで、そのときに五輪塔を一緒に建てたりします。
③の「撤去」は、墓石を取り払ってお骨を取り出し、他の場所（納骨堂や集合墓）に埋葬することです。
④の「無縁墓の撤去」は、田舎でよくあることですが、親族、知人のお墓を守っていたものの、次世代ではそれができそうもないので撤去することです。この場合、ほとんどのお骨が土に還っています。

墓じまいの本質：　このように、墓じまいにはいろいろな場合があって、内実はそれぞれ異なります。しかし、マスコミはこれらを十羽ひとからげにして報道してしまいます。特に④の場合は「善意で面倒を見ていたものが、そろそろ卒業かな」というのが、この行為の前提です。ですから、「墓はいらない」ではなく「役目を終えた」ということでしょう。

当然、この場合でもお墓の「魂抜き」（お寺さんに拝んでもらう）をしてもらっています。

そして、これらの4つのケースの割合を見てみると、③の撤去というのは全体の1割ぐらいで、最も割合が高いのが①の移転なのです。特に地方では、撤去は1割あるかないかです。しかも、その1割の背景には、東京一極集中化による地方の過疎化のため、墓を守る人がいなくなってしまったことに大きな原因があるのは間違いありません。

このように、墓じまいの本質を知っていただくとお分かりかと思いますが、どうしてマスコミは詳しい分析や調査をせずに、1割を大多数のように感じさせ、墓じまい＝解体撤去と勘違いするような報道をして、お墓不要論と結びつけてしまうのでしょうか。さらに、これにお寺が離檀料を取るとか取らないとかというマスコミの報道も加わって、お寺離れが起こり、それがお墓離れにつながり、ついには墓じまいを考える、というような流れになってしまっているのではないかと思います。私は、このような風潮に対して、墓じまいの正しい情報をここから発信していきたいと考えています。

第５章

新しいお墓の提案

最近は、霊園も従来とは違って、まるで公園のような雰囲気のものが増えてきました。また、墓石も美しく斬新なデザインのものが出てきました。確かに、墓地は暗くてじめじめしたところ、お墓は古くてさびれている、というのでは、墓参りも憂鬱になってしまうかもしれません。墓参りが楽しいイベントと感じられ、人々が喜んで出かけるようになるために、どんな工夫がされているのでしょうか。

1．デザインと素材（ハードとソフト）

最近、お墓を提供する業界からお墓参りに関して、ソフト、ハード両面から新しい提案がいろいろ出されています。まずソフト面では、一般社団法人日本石材産業協会の主導で9月23日が「お墓参りの日」と認定されました。そして、「Let's　お墓参り」運動が展開されています。お線香の団体からは「母の日参り」といって、母の日にお墓に参ろうという運動が始まりました。

ハードの部分でも、今まで、お墓は旧来の縦型の和墓がほとんどでしたが、震災の影響で横型の洋墓が増えています。また、自分の好みに合ったデザインのお墓や、車だったり楽器だったり、故人の好きだった趣味や仕事を具体的に形にしたお墓も建てられています。また、形だけではなく、ガラス素材のお墓などが近年新たに注目されています。

さらには3年くらいから33年までの「期限付きのお墓」も提案されています。また、姑と一緒のお墓には入りたくないという方に応えるように、「夫婦だけのお墓」や「私だけのお墓」も提案されています。

また、子どもたちがお墓参りの習慣を身につけ、「感謝や敬愛」の心を育むためには、楽しくお墓参りできることが重要です。お墓に行ったとき、子どもたちがお参りを楽しめるように「お墓にチーン」という、リンを鳴らす用品を付けようという運動も始まってきています。

2. 霊園の変化

霊園の姿も変わってきました。北海道では、室内に花や樹木を植えた、全天候型の明るい公園のような墓地ができてきました。墓石の高さを制限して、周りに木を植え、木との調和を考えるような霊園やイングリッシュガーデンのような霊園も、新しい形の霊園として出てきました。

樹木葬を組み込んだ霊園も誕生しています。霊園のなかに納骨堂や集合墓を作って、後継ぎがいなくなったら墓じまいをして集合墓に入れるということも考えられています。新しい形の霊園は、宗教に関係なく誰でもが入れるというのが特徴で、特定の宗派やお寺のメンバーにならなくても構いません。一方、村墓地(地域の人たちが昔から墓地として使っていたところ)や寺墓地も、無縁墓地は改葬して区画を整理し、道を広げてお参りがしやいように変えていっているところも出てきています。

3．女性専用納骨堂

京都に随心院という門跡寺院があります。山科のほうなので一般の観光客が行くコースからは離れていますが、一条天皇の命で仁海が991年に建立した真言宗のお寺です。ここは、世界三大美人の一人小野小町がいた寺としても知られています。小町が使ったといわれる井戸や、小町を慕って九十九夜通って亡くなった深草の少将の文塚も残っています。ここに、日本初と言われる「女性専用納骨堂」ができました。生涯独身だった小野小町のようにきれいでありたい、という方たちの注目を集めています。美しいということは、姿形だけではなく心映えが相手に美しく伝わることも大切だと思います。小野小町は、彼女の歌を詠むと、夢を語り、愛を語り、何とも優雅で美しいのです。女性が憧れる小野小町がいた寺にできた納骨堂は、優雅で荘厳な感じを受ける、男性にとっては大変うらやましい場所でしょう。

4．搬送式納骨堂

搬送式納骨堂は都会に増えつつある、カードキーを挿入すると、ベルトコンベアで骨壺が搬送されてくるタイプの納骨堂です。お墓は室内にあるので、お参りのときに天候に左右されることはありません。そして、多くの搬送式納骨堂は交通の便のいいところにあるので、お参りはしやすいでしょう。ただし、車でのお参りには、駐車場の問題があるところもあるようです。

大手の搬送式納骨堂には、搬送の故障や事故が生じたときに、当のお客様に対応する人、故障や事故をメーカーに連絡して当面の解決を図る人、次のお客様に説明する人など、常に3名以上が常駐していますので、コストもそれなりに高額になります。逆に、低価格の搬送式納骨堂では、いざ機械が止まってしまった場合の備えはどうなっているのか、確認する必要があるでしょう。建物の耐用期間が終わって建て替えという問題が生じた場合には、何千個ものお骨をどこに置くかということが大きな問題となってきます。置き場所と運送費をどうやって確保するのか。そのあたりのことも詳しく聞いたほうがいいでしょう。

5．自然葬（樹木葬）

最近、よく耳にするようになったのが樹木葬です。樹木葬は石の墓標の代わりに木を植えて、そこにお骨を埋葬します。最近は公営霊園でも増えていますが、管理が大変です。

多くの樹木の寿命は50年～60年といわれますが、樹齢50年で、高さが15メートル、目の高さの幹回りが2.5メートル、枝の張りが20メートルになる樹もあります。根回りも、良好な状態では、15メートル以上になるといわれています。このため、簡単な樹木葬では根が多くのお骨に影響するとみられています。そして、良好な手入れと管理で60年はもつと言われていますが、枯れたときに植え替えるのか、15メートルにも広がった根の開墾にお骨はどうなるのか、という問題があります。

墓標の代わりに小さい木を植えている樹木葬の場合も、木は成長し、枯れるということを想定していません。お墓と違って木の周りには多くの草が生えますが、手の届くところはともかくとして、届かないところは埋葬したお骨の上にあがって草刈りをしなければなりません。それができるでしょうか。このように新しくできたばかりで、実績や経験がないものは、とかくよいところばかりが強調されていますが、慎重に選択したほうがよい場合もあります。

6．散骨

陸の散骨の問題：　近年、自分の遺骨について「散骨」を希望する人が増えています。しかし散骨については墓地埋葬法が制定されたときは想定されていなかったので、きちんとした法整備もまだされておらず、問題点がいくつかあるといわれています。

散骨する場合は、死体損壊罪に問われないよう直径２ミリ以下の粉骨にすることが推奨されています（海洋散骨協会によるガイドライン）。ただ、いかに細かな粉状にしたとしても、陸上で撒けばいずれはその成分が川へ流れこみ、下流住民の飲料水に混じったり、農産物にまじってゆくこととなり、近隣住民からのクレームや農作物への風評被害につながるおそれがあります。

陸上に撒く場合は、個々人が任意にするのではなく、墓地埋葬法による墓地許可を得た散骨場を持っている法人を探すことをお勧めします。NPO法人「葬送の自由をすすめる会」に入会（年会費を払う必要あり）するほか、栃木県・出流天狗山幸福寺の「森林散骨」や、戸田斎場が運営する大山隠岐国立公園内のカズラ島（無人島全体を散骨場にしています）などがあります。

法律による決まりがまだないために、散骨の方法や場所については、よく調べてからでないと、他人の権利と衝突してしまう場合があります。遺言やエンディングノートで「散骨」を希望される場合、どのような場所で、どんな業者に任せるのか、ご自身でお調べになって、その方法も含めて伝えるようにしたほうがよいでしょう。

海洋散骨の課題： 散骨は、片目をつむって黙認されているだけで、世間一般に大手を振って行われているわけではないのです（良識の範囲内と言う見解です）。そして現在、散骨をするに当たっては「ミキサーのようなものでお骨を粉末にしなければならない」のです。この動画がユーチューブに上がっていますが、これを見るとたいていの人が断念するそうです。

海洋散骨の業者も協会をつくって、法律や漁業権に触れないようにガイドラインを策定しています。特に漁業権を侵害しないようにすることが重要です。神戸で起きた殺人事件では、そのドラム缶をカキの養殖の盛んな場所に沈めたことにより、その場所の近くで養殖していたカキが全然売れなくなったという事実があります。また、海苔の養殖場に散骨し海苔に白い粉が付いているというようなことが起これば大問題です。海を売り物にしている自治体のなかには、伊東市のように条例で制限を設けるところも出てきています。これからいろいろな自治体が、海（観光と漁業）を守るためにさまざまな条例を発令していくでしょう。そのうえ散骨した後に、いろいろなトラブルや、取り返すことのできない遺骨でのもめごとも多く発生しています。

散骨の実態としては、全散骨よりも部分散骨が多いそうです。やはり手を合わせる場所としてのお墓を持って、そして好きだった場所や思い出の地にお骨の一部を撒くという方が自然だと考えていいのです。実際に散骨業者もお墓を持っています。そして、考えてほしいのは、「もしあなたのお子さんやお孫さんが若くして亡くなったときに、あなたは散骨しますか？」ということです。ほとんどの人は、子どもや、孫のお墓を建てたり、先祖墓に納骨したりして、一生懸命お参りするのではないでしょうか。たとえ、生前に息子さんが散骨や直葬を望んでいたとしても。供養する気持ちとは、そういうものなのです。

7．合祀墓（合同墓）

合祀墓というのは、昔、無縁仏の埋葬場所として設置されていた墓ですが、昨今は、少子化で後継ぎがいなくなった人たち、お墓に費用をかけられない人たちが多く利用するものになっています。仕組みは、一つの大きなお墓に多くの人のお骨をバラバラにして埋葬します。お寺の合祀墓であれば、年に何回か供養してくれます。民間霊園の合祀墓でも、ほとんどのところで供養はしているようです。

第６章

日本人の「拝む」という文化

日本人は、古来より「拝む」ことを大切にしてきました。お寺（仏教）でも神社（神道）でも同様に拝みます。このように、拝むことは日本人の精神形成にも大きな影響を及ぼしてきました。ところが、戦後、社会生活が変化したことで、日本人は拝むことに無関心になってしまい、その結果、幸福からも遠ざかることに……。拝む文化を取り戻し、幸せを手にするためには、どうすればいいのでしょうか。

1．現世利益の祈りか、究極的幸福か

最近話題のポジティブ心理学によると、人生には3種類の幸福があるといわれます。①豊かな生活や趣味が充実するなど、嬉しい、楽しいと感じられる幸福（The Pleasant Life)、②強烈な集中状態で好きなものに没頭する生きかた（The Good Life)、③人生に意味を見出す幸福(The Meaningful Life)の３つです。アメリカ心理学会元会長のマーティン・セリグマン博士が提唱したといわれています（出典：TED Talk)

①は、裕福であるとか、おいしいものを食べられるという「見える幸福」です。ただ、幸福度のレベルとしてはもっとも低い段階なのだそうです。②のタイプは、集中して好き

なことに没頭する幸福です。感情を伴わず、笑顔にあふれているわけでもなく、むしろ他人からは苦しみながらやっているように見えることさえあるのですが、幸福の指標としては①よりも高いそうです。そして③の幸福が最も幸福の指標に影響力があるのですが、こちらは個人の利害を超え使命を感じて生きる場合に達成されるもので、「神に奉仕する」など宗教的思想をバックボーンとして実現されることが多いようです。

皆さんは神社で拝むとき、どのようなことをお願いしていますか。「〇〇が実現できますように」、「病気が治りますように」など、自分や身近な人の幸せを願うことが多いかもしれません。しかし、「合格祈願」といえば、たいていの試験には定員が決まっていますから、自分が受かることを祈願するということは、「誰かが落ちる」ことを祈願していることにつながる場合もあります。現世利益がよくないといわれるのは、「あなたがトクをすれば、（その反作用として）誰かが損をしているかもしれない」からです。と同時に、セリグマン博士のいう①の幸福にしかつながらないから、という説明もできますね。

もちろん、自分が健康でなければ誰かに奉仕することもできないので、結果として世間の人々へ奉仕をするために「病気が治りますように」、「事故に遭いませんように」と拝むのであれば、現世利益的とはいえないかもしれません。しかし、同じ祈願するなら、「この会社に就職できますように」の代わりに「好きな仕事に取り組めますように」、合格祈願の代わりに「試験で集中して実力を発揮できますように」と祈れば、誰かを蹴落としていることにはなりませんし、セリグマン博士のいう②の幸福を求めていることになり、幸福度への影響力は高くなります。

では、セリグマン博士のいう③の幸福を実現するには、神社ではどう拝むとよいのでしょう？　昔から伝えられている「祓え給い、清め給え、神（かむ）ながら守り給い、幸（さきわ）え給え」（お祓い下さい、お清め下さい、神様のお力により、お守り下さい、幸せにして下さい）で、世の中みんなの幸福を貪欲に願ってみればよいのではないでしょうか。

お墓に参るときも一緒です。ご先祖さまは、すでに生前の個々人の人格を超えた「祖霊」になられていますので、親族である○○家の子や孫だけの幸せを願っているわけではありません。もちろん墓前は誰にも知られずに心のつぶやきを聞いてもらえるプライベートなカウンセリングスペースですから、「○○さんからひどい目に遭わされて困っている！」など、個人的な怨恨などについてもボヤいて構いません。しかし話をするうちに最終的には、「なんかすっきりした、恨みに思ってしまいそうだった○○さんのことも、なぜか気にならなくなった」ということがあるのです。

いまカウンセリングの場面では「傾聴」（意見をいうより、相談者の話を一方的に聴く）ということの重要性が取りざたされますが、墓石は余計なことを何も言わず、傾聴に徹してくれます。①を求める祈りではなく、②や③の願いを、神仏や祖霊に聴いてもらうことのできる人は、②の幸福を実現し、ひいては③の幸福に近づくこともできるのです。

だから、先祖参りを熱心にするご一家は心が豊かになり、結果として経済的な余力もあとからついてくるのです。

2．人はどういうときに拝むのか

今、私は、八十八箇所のお遍路をしています。各お寺に着くと、まず山門を入る前に一礼をして「拝ませていただきます」と言ってから手洗い場に行って手を洗い、それから本堂に行きます。そして、線香をお供えし、本堂にお米を差しあげて、お経本を読み始めます。そのあとで、太子堂（弘法大師を祭ったお堂）に行き、「南無大師遍照金剛」とお唱えし、掛け軸に印を押していただきます。そして、山門で「拝ませていただきありがとうございました」と言って、次のお寺を目指します。お遍路さんのなかには、「お坊さんか？」

というくらいお経がうまく、本を見ないで宙で唱えている人もいます。ですから私も一生懸命お経本を読んでいきます。当然、詰まったり、飛ばしたりすることも少なくありません。しかし、本堂にお米を差しあげて手を合わせているときには、「家内安全、商売繁盛、次男が結婚しますように」と願をかけることもあります。

3．拝むとどんな効果があるのか

筑波大学の村上和雄名誉教授が「祈り」について書いています（産経新聞『正論』2018年1月11日）。その要旨は、祈ると『魂』が免疫機能の遺伝子を活性化させるということを解明できた、とのことです。「免疫力」は、全ての動物が持って生まれてきます。免疫力とは、病気から体を守る防衛機能のことです。赤ちゃんが生まれたときに「初乳を与えると免疫力が上がるので大切」だと言います。免疫力の弱い人は、よく風邪を引いたり、病気になったりします。精神的な面でも、くよくよしたり、悩みがあったりなどして自律神経のバランスが崩れると、免疫力は弱くなります。邪念を捨てて、一心に拝むと、自律神経のバランスもよくなります。そして、祈ることで悩みを解放すれば、心が軽くなり、くよくよしないでもよくなるのです。すると、免疫力が高まり、心身ともに健康な生活が送れるようになれます。

葬儀や法事で、お経を一心に唱えることは、心を無にすることです。お坊さんの後について唱えるだけでも心が浄化されます。そのうえ免疫力が活性化されるのです。今、拝むという行為が軽んじられてきています。拝む場所を墓じまいということで、次々となくしていっています。仏壇も置かなくなった家が増えています。ペットは、家族だから大切にするけれど、亡くなった家族（家族と思っているかな？）には手を合わせないのでは、「どうかな？」と思います。

4．まずは拝みましょう

お寺や神社に行って拝むのもいいのですが、今まで述べてきたように、お墓やお仏壇、神棚など身近な物を拝むことによって、ご先祖様からパワーをいただけるのです。ご先祖様は、自分の子孫のことは必ず見ていてくれます。これも前に述べましたが、自分の子孫の幸せを願わないご先祖様はいません。何万人何億人というご先祖様に守られていると感じると、勇気づけられファイトが湧いてきます。

朝起きて、お天道様に手を合わせて「今日もよろしくお願いします」と拝むと清々しい気持ちになり、気持ちよく一日が過ごせます。拝むことと同じようにパワーをいただける言葉は「ありがとう」です。「ありがとう」と言って感謝すれば、心も清々しくなります。

5. 宗教的な場所を訪れる

近くの神社に行ってみよう： 最近は、あまり身近ではなくなってしまった宗教ですが、まず気軽に近くのお寺や神社に行ってみましょう。そして、住職さんや神主さんにお話をしてみましょう。

といってもお参りするだけなら、ただ行って手水で手を洗い、本殿にお参りして手を合わせればすみますが、神主さんや住職さんに声をかけるとなると、かなり勇気がいります。最近は「お寺カフェ」と称してお寺でカフェをオープンしているところもありますので、覗いてみるのもいいかと思います。

前述のように、倉敷では、フードロス対策とお寺を結びつけた地域ふれあい広場が始まりました。もともと地域の中心的な位置にいたお寺が、もう一度コミュニティーの中心になろうとしているのです。集まって、フードロスのお話を聞いて「もったいない」を身近に感じ、住職が物を大切にしたり、手を合わせることで「ありがたい」という気持ちを表現する姿勢を見聞きして、無料ストアーでフードロスの食材や衣類をいただいて帰ります。事前に相談ごとを申し込めば始まる前に相談や質問に答えてくれています。

このようなお寺さんが増えてきているのは、頼もしい限りです。

高野山に上ってみよう：　宗教に触れるというより、怖れを感じる（怖さではなく畏敬の気持ちをもつ）ことのできる場所としては、和歌山の高野山があります。ここは、空海（弘法大師）によって真言密教の修行の場として開かれました。

行ってみると分かりますが、海抜千メートルの山に開かれた東西6キロ南北3キロにも及ぶ、山の上とは思えない広大な場所です。飛行機で探したわけでもないのに、どうしてこの場所を探し当てたのか。歩く他なかった当時の人が高野山を見つけ、切り開き、金剛峯寺を建てたのです。現在、お寺の数も117ヶ寺にのぼっています。お寺の半数は宿坊を持ち、泊まることもできます。

高野山で最も畏怖の心を感じさせてもらえるところが、奥の院に向かう参道です。ここには、戦国武将の大きなお墓が並んでいて、その総数は20万基以上と言われています。杉の木立の間を歩いて行くと、「あっ、徳川家の、信長の、光秀も」というように、まるで宝探しをするような感覚で戦国武将に会えるのです。当然、彼らのお墓の前に行ったら手を合わせ、頭を垂れれば、500年近く前に活躍した人たちが私たちに語りかけ、一生懸命生きた精神を伝えてくれるように感じるのは私だけでしょうか。

四国お遍路を巡ってみよう！　思い切って四国八十八箇所のお遍路に行ってみるのも、宗教を強く感じることができるよい方法でしょう。たとえ、お遍路として全てを回らなくても、機会があれば1ケ寺でもお参りしてみてください。すると、お遍路を歩いている人たちに必ず出会うはずです。そして、歩きお遍路のなかには、5人に1人ぐらいの割合で外国人がいます。彼らは『般若心経』を唱えるのです。私がお会いした方はどこの国の方かは分かりませんが、読んでいたお経本の文字が分かりませんでした。

お遍路道で、1番から88番までの四国道は1200キロとも1300キロともいわれています。途中、車で上るのさえ大変な山坂がたくさんあります。23番から24番の室戸岬は

70キロも離れているのです。こういう状況のなか、弘法大師を友とする「同行二人」として、孤独や風雨のなかを黙々と歩いてお参りしていくのです。そういう人たちとお寺でお会いしたら、ぜひお話を聞いてみてください。「どれくらいの日数で回られる予定ですか？」「どちらからお越しですか？」「足の調子はいかがですか？」など、なんでもいいのです。目的や心境を問うのは勧めませんが、道中の大変さを聞いてみると、頭が下がります。

実は、お遍路にはかなりのお金がかかるというのはご存知でしょうか。１３００キロを50日で回るとすると、宿泊費が20万円から30万円かかります。そして、納経帳で、一寺３００円、掛け軸なら５００円かかります。88かける５００円で4万４０００円。お昼も食べなければいけませんし、１日２本の飲み物も必要でしょう。履いている靴が１３００キロを耐えられるかどうかも分かりません。

こうしてみると、お遍路というのは金銭的にも肉体的にもきついうえ、孤独に打ち勝って耐える精神力も必要ですから、相当な修行をなさっていることになります。ですから、ぜひ彼らと話をしてみてください。きっと、いろいろと思うことがあるはずです。

八十八箇所を巡った最後に高野山に結願お礼参りの行くのが通例です。

このように、気軽に行けるお寺がいろいろ出てきています。高野山やお遍路さんは、まず旅行がてらの軽い気持ちで行ってみることをお勧めします。体験してみれば必ず何らか興味が湧いてくることでしょう。そうしたら、その興味を広げていけばいいのです。

6．「おかげさま」という言葉

最後に「おかげさまで」という言葉がありますが、誰に対して、どういう意味で言っているのでしょうか。これは、「お天道様のおかげ」「ご先祖様のおかげ」「両親のおかげ」というように、誰かに感謝の念を届けたいという思いが、「おかげさまで」ということになるのではないでしょうか。

皆さんを、愛情をもって見守ってくれているお墓を大切にしてください。現在、繁栄している人たちに、墓じまいをするような人はいません。このような人たちは、お墓を大切にしていますし、家族とか仲間とかに囲まれた幸せな生活を送っています。最初、この本の題名を『お墓参りをしないと貧乏になる』としようとしたのですが、仲間から「過激しすぎる」「貧乏の基準が難しい」などと言われて、内容も題名も変えたのですが、私は、今でも「先祖を大切にしないと貧しくなっていく」と思っています。

今のように「無気力で、何となく生きている人」が増えたら、どんな世の中になっていくのか心配です。一生懸命、皆（ＷＥ）の幸せを願う人を増やし、先祖を大切にし、親族を大切にし、友だちや地域を大切にし、日本を大切にする人が増えることを願ってやみません。

お墓についてのQ&A

Q1．お墓の文字の刻み方に法則はありますか？

A：原則としてありません。その時代、その国、その地方でさまざまな方法があります。

　人間の歴史のなかで、現在発見されている一番古いお墓は石器時代で、今から約6万年前のものです。これは、中東シリアのエデリ遺跡の洞窟で見つかった推定2歳くらいの幼児のものです。子どもの遺体がキツネやオオカミやイヌなどの野生の肉食動物に食べられないように、穴を掘って埋め、石を重ねています。当時は、まだ文字が生まれる前で文字は刻まれていません。新石器時代になると黒曜石などの硬い石で、鉄器時代には鉄のノミで、動物や魚、人の形などのさまざまな文字が刻まれました。

　古今東西、世界中の多くの国や文明でお墓が作られています。そもそも「人間はなぜお墓を作るのでしょうか?」。一人ひとり皆さん考えは違うと思いますが、私たちは「お墓の目的は、死者を供養すること、そしてその人の思い出、記憶を形に残すこと、つまり石に刻んで記録すること」だと考えています。だからこそ、古来から人々はお墓に、死者の名前、年齢、業績などを刻み、未来の人（子孫）に残してきたのです。エジプト、中国、インドなどの王様は豪華なお墓を残しました。日本でも天皇家や豪族は古墳など立派なお墓を残していますし、一般の人たちもお墓を作っていました。言い換えれば、お墓は人間の歴史を刻んだタイムカプセルなのです。
それでは、「現代日本のお墓では、文字などはどのようにして刻まれているのでしょうか？」。一番多いのは、コンプレッサーで圧縮した空気とともに鉄粉や粉のカーボンを墓石の表面に吹き付けて文字を刻んでいます。また、レーザー光線を使って石を焼ききるというやり方も出てきました。お墓は人類が続く限り残ると思いますが、墓石の刻み方はその時代時代で変わっていくでしょう。

Q2. お線香、お香典、献花のやり方やタイミングはありますか？

A：これらのやり方とタイミングに特別な決まりはありません。仏教やキリスト教が生まれて約2500年、イスラム教が生まれて1600年になりますが、人類がお墓を作るようになったのは6万年以上も前です。したがって、お墓の祭り方は、その時代、その国、その宗教によってまちまちであったはずです。ですから、決まりはありませんので、あなたがよいと思うやり方とタイミングで手を合わせてください。
お参りするとき大切なのは、やり方よりも死者やご先祖様を思う気持ちではないでしょうか。もし、お焼香が1回か2回か、数珠の持ち方はどうかなどと疑問をお持ちの方は、各宗派のやり方をお寺さんで確認してください。お近くのお年寄り、年長者にお聞きするのもいいと思います。

Q3．木の文化といわれる日本で、お墓が石になったのはいつごろですか？

A：確かに降水量の多い日本では、良質な杉や檜、松が採れます。しかし、お墓には素材として木を使いません。なぜなら、木の墓標は10～20年すると腐ってしまうからです。前にも述べましたように、「お墓は供養と記録」のために建てるわけですから、天然素材の中では一番寿命の長い硬い石材で作ったお墓を建てるのです。

エジプト、ギリシャ、ローマ、ヨーロッパのお墓は石の文化です。そして、アジアの中国、朝鮮、日本でもお墓は石でできています。

青森市に縄文時代前中期（4000～5500年前）の三内丸山遺跡がありますが、ここには自然石の長石を使った大人のお墓や土器を使った子どものお墓、また木の丸柱を使った竪穴式住居跡などがあります。木材の豊富にあった縄文時代においても、お墓には石が使われていました。

蛇足ですが、人気テレビドラマの『水戸黄門』のなかで、悪人を懲らしめたあと、村はずれに悪人に殺された育ての親の木の墓標のお墓がありましたが、これは、黄門様が村を去るまでに石のお墓が作れないため仮に立てた墓標です。

Q4．墓石を上手に選ぶ方法はありますか？

A：宗派による石の制限はありません。お墓は、約6万年前から、すなわち仏教、キリスト教、イスラム教ができるより前から作られてきました。ですから、宗派による制限など問題にする必要はありません。

「よいお墓を建てるにはどうしたらよいか？」

ということですが、これはよいパートナーを選んで結婚するのと同じくらい難しい選択です。しかし、形や石の質は見た目で気に入ったらそれを選べばよいと思います。いろいろなお墓を見て歩くのも目を肥やす方法だと思います。

鎌倉のお寺には鎌倉、室町時代の、青山霊園には明治、大正、昭和時代の落ち着いたよいデザインのお墓がたくさんあります。お墓は、子孫が受け継ぎ、お参りしていくものなので、独りよがりな形は避けるべきでしょう。子孫に喜んでお参りしてもらえるようなシンプルでいて親しみのある形がベターです。また、一人で決めないで家族や親族と相談して判断することをお勧めします。シンプルな四角錐のエジプトのピラミッドは完成して4500年経ちますが、今でもグッドデザインです。

Q5．お墓の簡単な変遷を教えてくれますか？

A：3の質問の回答のなかでも述べていますが、日本のお墓は三内丸山遺跡から古墳時代を経て、時代と共に大きく変化して、鎌倉時代には、武士や貴族階級は一石五輪塔を建てました。江戸時代になって、今ある位牌型のお墓が建てられるようになりましたが、戦前まではほとんどが夫婦墓でした。戦後、墓地不足などから家墓（○○家の墓、先祖代々の墓）が増えてきました。そして、高さのない洋型が震災後増えてきています。自分の生き方を表現したデザイン墓も出てきました。日本人の生活、家族制度、人生の過ごし方などで大きく変わってきています。詳しくは、お近くの公営図書館などで写真を見ながら、お墓の形や使われている石の種類などを調べて、お墓とは何かを考えてみてください。

Q6．「○○家の墓」であれば、親族は全て入れますか？

A：祖父祖母、父母、夫婦、子供、孫は入ってもいいです。叔父叔母、従兄弟、はとこ等傍系の親族については、人口が増えていた時期には入れないといわれることが多かったのですが（カロートがすぐに一杯になってしまうため）、人口減少の昨今は、入れることもあります。お寺と相談して考えてください。

嫁に行った娘家族を両家墓として一緒に埋葬することも出てきています。この場合も宗派が同じか、墓地が寺墓地か、というような制限がありますから、お寺さんで確認してください。

Q7.「○○家の墓」と「先祖代々の墓」の違いはありますか？

A：ありません。その一族の墓であり、一族の集合墓です。浄土真宗では、（氏神になるのではなく）どのような人も死んだあとは阿弥陀様に救われると考えるので、「南無阿弥陀仏」とだけ刻み、家の名を記さないのがオーソドックスです。

Q8. 世界のお墓事情はどうなっていますか？

A：本文でも述べているように、中国では霊園がどんどん増えており、というようにお墓事情も急激に変化しています。納骨堂も韓国や中国では増えていますし、有名な人のお墓は立派なものが建っています。音速の貴公子といわれ、日本でも絶大な人気のあったアイルトン・セナのお墓は小ぶりですが、お花が絶えません。また、イタリアのヴェネツィアにはサン・ミケーレといって、お墓だけの島があります。現在の状態を知るには、日本石材産業協会発行の『日本人のお墓』『お墓の教科書』を見ることをお勧めします。公立図書館に置いてありますので、ご覧になってください。

Q9．お墓巡りするにはどこがいいですか？

A：東京の青山霊園や多磨霊園には、明治、大正、昭和の政治家や文学者、学者、芸能人など、有名人のお墓も発見できるので、ぜひ訪ねてみてください。ガラスなどの新しい素材のお墓やいろいろなデザインのお墓も増えて、バラエティに富んできています。また、横浜の外国人墓地なども興味深いお墓がいろいろあって楽しめます。

Q10．仮埋葬とはどういうものですか？

A：地方によっては、仮埋葬といって墓地にご遺体を仮に埋め、後日、石のお墓を建てるというところがあります。この風習は、土葬の名残だと考えられます。土葬すると当然、棺桶が腐っていって、地盤が沈下することがよくあります。そのために石のお墓を建てても傾く可能性が大きいので、まずは木の社のようなものを建て、何年かして落ち着いたら石のお墓を建てていたのが、まだ残っているようです。現在では、石のお墓を建てるのが決まるまでの、一時的なものとして建てられていますが、次第に減っているのが現状です。

地域によって違いますが、仮埋葬の社は須屋と呼ばれているようです。社でなく木碑の場合もあります。

監修者のことば

平安貴族が葬送をやめ、死体を遺棄したあとに

日本でここ数年、葬送儀礼が急速に簡略化されています。

もとは七七日忌（四十九日法要）まで七日ごとに僧侶に読経してもらっていたところを初七日忌と四十九日忌だけにし、やがて遠方から親戚に何回も集まってもらうのは大変だからとそれもまとめて通夜・葬儀の二日間だけにし、さらにその二日をまとめて一日葬で済ませたり、祭壇をつくらず火葬場へ直接棺を納める直葬にしたりすることも、この5年ほどで都市部を中心に激増しました。

要因は、いろいろあります。

デフレ長期化と高齢化が同時に進んだため、闘病や介護の費用で預貯金が底をつき、葬儀にお金をかけられない人が増えたこと。

代々同じ家に住む人が減り、長押《なげし》に先祖の遺影が掲げられることもほとんどなくなり、「ご先祖さま」を敬う江戸時代以来の儒教的文化が薄らいだこと。

地獄絵や涅槃図を見る機会がなくなり、〝お浄土にいきたい〟とか〝お迎えがくる〟ということにリアリティを感じる人が減った結果、多くの人が、僧侶の読経に意味を感じられなくなっていること。そして、意味が感じられないことにたいして何十万円もの費用を払うのは納得がいかないと考える人が増えたこと、等々。

加えて、葬祭業者も地域密着ではない大手資本傘下の業者が増え、「親族の葬儀をぜひとも任せたい」と思えるような葬祭業者になかなか出会えないことなどもあるでしょう。たとえば父の葬儀のとき、インターネットでいろいろ探して数社に相見積もりをとって選んだつもりだったけれども、通りいっぺんの挨拶と進行で、なんだか効率よく一分でも早く終わらせたい流れ作業のようにしか感じられなかった。だったら母のときは式にお金をかけず、直葬パックで親族数名だけ集まればいいんじゃないか……というような話を耳にします。

どれもこれも、経済事情と時代の流れであり、一人ひとりの送る側に、さしたる非があったわけではありません。また、先の事例のように、「こころを込めて送りたいからこそ、簡略な方法を選んでいる」という場合さえあるのです。家族葬や直葬を選んだという一人ひとりと話せば、いまなお大半の人は礼儀正しく、できることなら親族の供養はきちんとしたいと願う、良識ある市民であることがわかります。

他のアジア諸国をみても、日本ほど宗教が特別視（あるいは軽視）されている国も、人間の葬送儀礼がここまで急速な勢いでどんどん簡略化されている国もありません。

台湾やベトナムの人たちは、商売で日本に住んでも熱心に寺院に巡礼しています。本編にも述べられていましたが、経済が急成長しても、中国人の間ではいまも大家族の輪がしっかりと維持されており、ファミリーを大事にする気風があります。故郷の墓をしまって都市部の納骨堂へ移動する動きは中国や韓国でも進んでいるそうですが、日本のように年に一度程度の墓参りではなく、月に数回とか毎週、熱心に参る人も多いと聞きます。

近隣諸国と比較してどちらがいいとか悪いということでもないと思うのですが、日本人が、いま「お迎えが来る」といった共通の物語を喪失し、**「正しくあの世へ送るにはどうすればよいのか」という方法を改めて模索しなければならないところにいる**、ということ自体は、揺らぎようのない現実です。

じつは、歴史をふりかえると、同じように「葬りかたを忘れた時代」が、以前にもあったのです。

たとえば、『今昔物語集』の中に、死体を道端へ遺棄する場面が登場することが知られています。貴族たちが没落して経済的余力をなくした平安末期。回復困難な病気にかかった者は看取られることなく、生きているうちに自ら戸外へ出て行った者もいたし、住み込みで雇用されていた下男下女も、病気になれば追い出されたといいます。

北海道大学教授の櫻井義秀氏は、日本には縄文・弥生時代から死者の葬りかたがあり、考古学的にも墓としてそれらが確認できると述べ、古代には殯（もがり）や葬送の形態がきちんとあったのに、中世に入るとそれが断絶され、不在となったと主張しています（『月刊住職』2018年5月号、「中世の人々は死者をなぜ遺棄できたのか」より抜粋）。

そのすぐ後の時代に起こったのが、法然、親鸞、日蓮など比叡山を下りた宗教者を祖とする鎌倉新仏教各派の勃興なのです。葬祭儀礼のしかたを忘れたあとの時代に、不安に惑う庶民が腑に落ちる、新しい信仰が求められたわけです。

さきほど、「親族の葬儀をぜひとも任せたい」と思える葬儀社に出会うことが難しくなっているという話をしました。ある地方都市で、地域ナンバーワンの葬儀社を取材した知人が、その葬儀社の社長の口癖が「自分の親だと思って故人を扱え」だったと話していました。どんなに状態のよくないご遺体であっても、それが自分の親だと思えば、丁寧に扱いたいという気持ちになれる。そうした思いが社員に徹底されていたからこそ、その葬儀社は地域の人から慕われ、実績も伴っていたわけです。

しかし、インターネットで集客する昨今の葬儀社のいったい何割が、身内を扱うようにご遺体に接してくれるのでしょう。おそらく、1割に満たないのではないかと思います。

同じことが、あらゆる産業についていえます。

外食産業の8割以上はチェーン組織で、本社のマニュアルに従ってレトルト処理された食材やソースを、店頭で温め直して提供するだけ。どんな素材が使われているのかも、どのような食品添加物が使われているのかもわからないまま、笑顔で提供されるメニューの数々。自分でお金を払ってもぜひ食べたいと思える料理を提供する店は1割もないでしょう。実験結果を偽装していた自動車産業しかり。要るともいわないものを電話勧誘で押し売りする通信事業者しかり。

社員の一人ひとりは、命令に忠実に従って仕事をしているだけなのでしょう。しかし、そうした「喜ばれないとわかっても押しつける仕事」、「自分ではさして利用したいとも思えないサービスを売る仕事」からは、世の中の役に立っているという実感はわかないでしょう。生活の糧を得るための給与とひきかえに、多大なストレスを受けとる結果となってしまいます。

生きている間に喜びを受けづらい仕事をするから、死に際しても、誇りが生まれにくいのです。せめて経済的なことや事務について「迷惑をかけないように」、最小限の葬儀の生前予約をして死んでゆく……。弔いも墓も、回忌法要もいらない。その姿は、治癒を期待できない病にかかったら、自ら戸外へ出てゆく平安末期の人々と重なります。

かの時代の市民を救ったのは、「そんなあなたがたも、念仏さえ唱えればお浄土へいける」、「阿弥陀様はどんな人をも救っている」、「この世知辛い娑婆世界も、見方を少し変えれば仏性にあふれている」と教えた鎌倉新仏教の開祖たちでした。文字（経文）が読めなくとも、成仏できる！　歳をとり病に伏せればうち棄てられる、吹けば飛ぶような存在。極限にまで矮小化された人間的尊厳を、南無阿弥陀仏のお念仏や、南無妙法蓮華経のお題目が救いあげたのです。そして、「お迎えが来る」という新たな葬送儀礼のストーリーがつむがれました。

さていま、ふたたび民族の葬送儀礼のストーリーを喪失した日本で、「迷惑をかけたくない」と叫ぶ点のような存在となったわれわれへ、生きる息吹を与え、次なるストーリーをつむぎ出すのは誰なのでしょう。

勝　桂子

あとがき

ある日、墓参り委員会のなかで、そういえば昔使っていた「おかげさまで」「ありがたい」「もったいない」という言葉を使わなくなったのではないか、という話があがりました。そして、これらの言葉が象徴する感謝と倹約をすることで、豊かな生活ができるのだろうかと、皆で話し合いました。

お金は大事ですが、全てではありません。ものの見方を損得だけで判断して人生を誤ってはいけません。安いから散骨する、安いから納骨堂にする、安いから樹木葬にする、ということでは、子孫はどう思うでしょう。おじいちゃんはお金に困っていたんだなあ、では寂しいでしょう。子孫が尊敬するような私たちでありたいものです。

現在の私たちの心には、隙間というか満たされないものが多くあります。当然すべてを解決することは難しいのですが、無心に手を合わせることで埋められることも多くあります。身近に手を合わせられる場所として、仏壇、お墓があります。本文でも述べていますが、私たちが子どもや孫の幸せを願うように、ご先祖様は子孫の幸せを願っています。先祖が祀られているお墓こそが、私たちの一番のパワースポットなのです。お墓では、ご先祖様は、私たちが来るのを待っています。

なにぶんにも慣れないことでしたので右往左往し、構想2年でやっと出版にこぎつけましたが、私たちの最大の願いは「Let's お墓参り。気楽にご先祖様に会いにいきましょう」ということです。これからの時代は、まだまだ変化が激しいと思われます。しかし、私たち日本人に流れている根本的なものは大きく変わっていませんし、変わってはいけません。この本をお読みになって「Let's お墓参り」を実行して、ご先祖様からパワーをいただいて、幸せな生活を送っていきましょう。

最後になりましたが、この本を出版するに当たり、勝桂子氏をはじめとして大原英揮氏、山岸幸夫氏に大変お世話になりました。特に、勝桂子さんがいらっしゃらなければ、この本の出版は難しかったでしょう。改めて厚くお礼申し上げます。

平成30年7月

藤原　巧

Let's お墓参り委員会メンバー

望月威男	株式会社イシフク
射場一之	射場石利石材株式会社
伯井守	大阪石材工業株式会社
谷合正	中国石材株式会社
米本泰	株式会社ナイガイ
森田茂樹	株式会社森田石材店
森田浩介	株式会社森田石材店
金子宗弘	金子石材店
川西優	有限会社ストネックス
西本恵則	株式会社 EC トレード
本多修	有限会社本多石材店
渡辺喜代士	株式会社渡辺石材店
濱本勝之	株式会社石彩
白木秀典	いよせき株式会社
原真	原産業株式会社
中村晋輔	株式会社蒼天
宮下武	プラスダイヤ株式会社
大橋理宏	株式会社大橋石材店
佐野雅基	有限会社佐野石材
藤原巧	孔雀株式会社

著者　プロフィール
藤原　巧（ふじわら たくみ）

1954年2月18日倉敷市生まれ
青山学院大学経済学部卒業後、積水ハウス株式会社を経て、孔雀マット工業株式会社入社。2007年同社代表取締役就任。2011年社名変更で孔雀株式会社に。玉島信用金庫総代、一般社団法人アリス福祉会理事。お墓参りの暗さを、先祖の加護と参る人の未来への道筋と考え「Let's お墓参り委員会」を立ち上げる。敬う心とそれに応える墓参りを伝えることを信条としている。

監修者　プロフィール
勝　桂子（すぐれ けいこ）

行政書士、ファイナンシャル・プランナー、葬祭カウンセラー。『心が軽くなる仏教とのつきあいかた』（2017 啓文社書房）、『いいお坊さん ひどいお坊さん』（2011 ベスト新書）著者として、各地の僧侶研修、一般信徒向け催しでの講演多数。遺言、相続、改葬など終活分野全般の相談に応じるほか、生きづらさと向きあう任意団体＜ひとなみ＞を主宰し、宗教者や医師、士業者、葬送分野の専門家と一般のかたをまじえた座談会を随時開催している。

ワクワクを探して Let's お墓参り

■発行日　　平成30年7月31日　初版第1刷発行
■発行人　　漆原亮太
■編集人　　永井由紀子
■表紙・DTP　　宮崎総哉
■発行所　　啓文社書房
〒160-0022　東京都新宿区新宿1-29-14　パレドール新宿202
電話　03(6709)8872
■発売所　　啓文社
■印刷・製本　　株式会社光邦

ISBN978-4-89992-050-2　C0030　Printed in Japan